천자문千字文 공부

[4권]

동봉 스님의

천자문千字文
공부
[4권]

동봉東峰 스님 우리말 번역 및 해설

도서출판 도반

동봉東峰 스님

강원도 횡성에서 태어나 1975년 불문에 귀의하였다. 해인사 승가대학, 중앙승가대, 동국대 불교대학원에서 공부했다.

법명은 정휴正休, 자호는 일원一圓, 법호는 동봉東峰, 아프리칸 이름은 기포kipoo起泡다.

1993~1997년 BBS 불교방송에서 〈살며 생각하며〉, 〈자비의 전화〉 등 26개월에 걸쳐 생방송을 진행하였다.

동아프리카 탄자니아에서 52개월간 머물며 말라리아 구제 활동을 했으며 한국 불교인으로서는 최초로 아프리카에 '학교법인 보리가람스쿨'을 설립하였고 탄자니아 수도 다레살람에 매입한 학교 부지 35에이커와 킬리만자로 산기슭에 개척한 부처님 도량, 사찰 부지 3에이커를 조계종 산하 '아름다운 동행'에 기증하여 종단에서 '보리가람농업기술대학교'를 세워 2016년 9월 개교, 운영하고 있다.

곤지암 '우리절' 창건주이자 회주로서 책, 법문, 소셜미디어 등을 통해 부처님 법을 전하고 있으며, 특히 〈기포의 새벽 편지〉 연재는 3,500회를 넘었다. 지금은 광주 우리절 주지로서 수행자로서의 삶을 이어가고 있다.

《사바세계로 온 부처님의 편지》, 《마음을 비우게 자네가 부처야》, 《아미타경을 읽는 즐거움》, 《불교 상식 백과》, 《밀린다왕문경》, 《평상심이 도라 이르지 말라》, 《반야심경 여행》, 《법성게》, 《내비 금강경》, 《동몽선습 강설》, 《디마케터 스님》, 시집 《음펨바 효과》, 《시간의 발자국이 저리 깊은데》 등 70여 권의 저서와 역서가 있다.

차 례

<075>

영榮업業소所기基
적籍심甚무無경竟

0297 **영화 영榮**

0298 **업 업業**

0299 **바 소所**

0300 **터 기基**

번영하는 사업에는 동기가있고
그이름을 드날림에 마침없도다

0297 영화 영

영화, 영예, 영광, 명예, 피, 혈액, 꽃, 영광스럽다
영예롭다, 성하다, 무성하다, 싱싱하다, 피다
나타나다, 기운이나 세력이 한창 왕성하다
나무에 꽃이 많이 피는 것이 영榮이고
풀에 꽃이 많이 피는 것이 화華입니다.
화華는 초두머리 ⁺⁺ 아래에 쓰고
영榮은 나무 목木 자 위에 쓰고 있습니다.
영榮이 다년생多年生 나무 위에
겹겹炏이 타오르는 불꽃처럼 아름다움이라면
화華는 열의 여섯 배 예순六旬을 뜻합니다.
초두머리 ⁺⁺ 가 20이고
가운데가 30卅이며
맨 아래에 다시 10十이 있어 60입니다.
참고로 60을 예순이라 발음하는데
이는 여섯을 줄여 '예'라 하고
거기에 열흘 순旬 자를 합한 '셈말'입니다.
보통 '예순'이라 하면 순수 우리말로 알지만

영榮업業소所기基

이처럼 '예'라는 우리말과 더불어
'순旬'이라는 한자가 합한 단어가 예순입니다.
또 이 예순은 콩푸즈孔夫子 선생의 말씀 중
60세를 '이순耳順'이라 한 데서
기인한 것이라 보는 경우도 있지요.
나는 이 설에 동의하지 않지만 말입니다.
절에서 불자들의 불명佛名을 지을 때
남성들은 두 자, 여성들은 석 자로 짓는데
여성들 불명은 남성과 마찬가지로
앞의 두 자는 의미소意味素이고
뒤의 한 자는 접미사로 앞 단어를 꾸며줍니다.
따라서 여성의 불명을 아름답게 꾸미는
접미사에는 '심心' '행行' '화華' 등이 있는데
60이 넘은 분들에게는 화華를 붙입니다.

만60세가 되면 회갑回甲이라 하고
환갑還甲 또는 환갑環甲이라 하는데
이는 60갑자가 꽉 차서 태어나던 해의
그 갑자로 돌아왔다는 뜻입니다
그리고 '화갑華甲'이라고도 하는데
이는 화려할 화/꽃 화華 자에
열 십十 자가 자그마치 6개나 들어간 까닭입니다.
이러한 원칙原則과 법리法理를 모른 채

불자들의 불명을 짓는 대부분 많은 스님들은

갓 태어난 어린 아기에서부터

저 나이 드신 어르신들에 이르기까지

불명에 함부로 화華 자를 붙이곤 합니다.

어려서, 또는 젊어서 받은 불명을

나이가 드신 뒤에도 그대로 가져가는 것은

아무런 상관이 없습니다.

그러나 처음 불명을 짓고 받을 때는

이런 원칙이 정해지는 게 바람직합니다.

영화 영榮 자를 풀이하다가

엉뚱하게도 영화榮華의 화華 자 이야기로

얘기가 번져가기는 했습니다만

불명을 짓는 원칙이고 기준이기 때문에

반드시 알아두는 게 좋습니다.

아무튼 영화 영榮 자에 담겨있는 뜻은

나무 목木 자 위에 쓴 겹불炊처럼

그 영화로움이 오래오래 가기를 바람입니다.

0298 업 업

業

본디 업 업業 자는 종이나 북을 달아매는

걸개를 본뜻 것이었습니다.

간체자 업 업业 자는 번체자에서 가져왔지요.

업业 자에서 아래 한 일一 자는 걸개이고

위의 쌍상투 관丷/丱 자는

걸려있는 끈을 표현한 모습입니다.

걸개를 널판지로 보기 때문에

업 업業 자의 다른 업 업牒 자가 생겨났습니다.

이 커다란 널빤지爿 가 기록하는 널빤지로

기록하는 널빤지에서 문서로

문서에서 일業로 변천과정을 거칩니다.

그래서 지금은 사업이니 영업이니 일이니

직업 학업 기업 산업이니 하는 따위로

또는 공, 공적, 기초 등으로 바뀐 것입니다.

불교에서는 이 업業을 중요시하지요.

그냥 '업業'이라고만 하더라도

선업보다는 악업을 떠올리고 있습니다.

가령 신구의 身口意 삼업三業이라 하면
몸과 입과 뜻으로 짓는 선업이 아니라
몸과 입과 뜻으로 짓는 악업을 얘기합니다.
업에는 크게 두 가지가 있는데 선업과 악업입니다.
업業이라고 하면 무조건 나쁜 게 아니라
선업과 악업으로 구분해야 하지요.
몸으로 짓는 업에 악업도 있지만
보살행을 닦아가는 선업이 있습니다.
이는 구업도 마찬가지입니다.
나쁜 쪽의 악업惡業만이 아니라
선한 쪽의 선업善業도 있습니다.
싫은 쪽의 오업惡業만 있는 게 아닙니다.
기쁨을 주는 호업好業도 있게 마련입니다.
가령 정구업진언淨口業眞言이라 했을 때
더 정확하게는 정구업진언이 아니라
정악구업진언淨惡口業眞言이어야겠지요.
그러나 언제부터인가 우리 불교는
업業karma을 얘기할 때
선업보다는 악업에 촛점을 맞추어놓았습니다.
내가 보기에 초기불교에서는 지나치게
악업만을 앞에 내세우는 경향이 있습니다.
그러다 보니 대승불교가 등장하면서

보살행을 최고의 덕목으로 들고 나왔습니다.

업 업業 자를 자세히 볼까요.

맨 위의 쌍상투 관丬/艸 자는 양의 뿔이고

한 일一 자는 머리를 표현하고 있으며

아래 양羊 자는 화려한 뿔을 가진 영양입니다.

그리고 맨 아래 여덟 팔八 자는 영역의 넓힘입니다.

양羊은 아름다움美의 상징입니다.

그의 머리一 위에 난 뿔丬/ㅛ이 화려할 때

암컷들에게 가까이 다가갈 수 있으며

그의 영역이 더욱 넓혀질 수 있습니다.

0299 바 소

어떠한 생명이든지 그가 살아가는 데는

시간과 함께 반드시 공간이 필요합니다.

시간은 과거와 현재와 미래라는

이른바 이어진 시제時際 속에서

항상 영원한 현재를 살아가고 있지요.

마찬가지로 삶의 시간이 주어진다 해도
질량質量을 가진 몸뚱어리가 필요한 것은
운신할 수 있는 영역, 곧 공간입니다.
이 공간 영역을 우리는 호戶라 합니다.
우리말로는 지게戶지요.
지게는 두 쪽짜리 문이 아니라
왼쪽에 정첩丁牒이 달린 한 쪽짜리 문입니다.
두 쪽짜리 문은 넉넉한 집안이고
한 쪽짜리 문은 가난한 집을 뜻합니다.
아니, 그냥 평범한 서민 가정입니다.
옛날 한양에 천호동千戶洞이 있었다면
대궐 같은 1천 호의 집이 아니라
평범한 서민의 집 1천 호였을 것입니다.
이 집 하나 지어놓고 나니 뭐가 필요했을까요.
땔깜을 준비할 도끼斤가 있어야 했고
사냥에 필요한 무기斤가 있어야 했고
가족들과 살아갈 도구斤가 있어야 했습니다.
사람들은 움집일 망정 집이 생기자
사립문깐戶에 도끼斤를 내려찍으며
"여기所가 우리집이다."했을 것입니다.
그리하여 머물住 곳所이 생긴 것이지요.
다른 글자로 바 소唒 자가 있는데

18

영예의業소所기基

해日가 지평선一 아래로 넘어가면

가족들을 지킬 도끼斤를 준비하고

자기의 영역을 설정했습니다.

그래서 이런 바 소昕 자가 탄생한 것입니다.

가족을 지키는 데 도끼가 필요했느냐고요.

지금도 지구촌 곳곳에는

가족들을 지키기 위해 총을 소지하기도 합니다.

0300 터 기

基

땅土이 있으면 거기其에 터基를 잡았습니다.

터基를 잡고 나면 농사土를 지었고

농사를 지으면 추수를 하고 방아를 찧어

현미 백미 정미를 만들어 먹었습니다.

수확하고 방아를 찧을 때

낟알과 쭉정이를 가리는 게 다름 아닌 키箕였습니다.

키는 곡식을 까불어 쭉정이를 날려보내고

알곡만 남기는 일상에 필요한 도구입니다.

나중에 키 기箕 자가 따로 생겼지만
처음에는 터 기基 자가 바탕이었습니다.
거기서 키 기箕가 독립하면서
농사에 필요한 땅土 외의 것을 가리켜
지시대명사 '그其'가 생겨났습니다.
아! 내게 있어서
인간에게 있어서
영예로운榮 삶業의 기틀基은
과연 무엇이며 어디에 찍을 것인가?

<076>

영榮업業소所기基
적籍심甚무無경竟

0301 **호적 적籍**

0302 **심할 심甚**

0303 **없을 무無**

0304 **마칠 경竟**

번영하는 사업에는 동기가있고
그이름을 드날림에 마침없도다

0301 호적 적

籍

십대 중반을 넘어서면서

내게도 사춘기思春期가 왔습니다.

연애소설 삼매경에 흠씬 빠졌고

결혼 이야기가 들려오면 귀를 세웠습니다.

요즘을 삼포시대라고 합니다.

연애포기, 결혼포기, 출산포기지요.

생활이 힘들기에 생기는 현상입니다.

그런데 50여 년 전에는 아니었습니다.

밤새 쓴 편지를 새벽에 읽고 난 뒤

부치지 못한 편지가 한두 번은 있었을 것입니다.

이 '적심무경籍甚無竟'을 읽을 때였는데

어느 날 훈장님이 질문을 던졌습니다.

오직 내게만 한 말씀이 아닌

서당 생도들에게 하신 말씀입니다.

당시 《천자문》을 읽는 생도는

서당 내에서는 나 외에는 아무도 없었지요.

"천자문에 호적 적籍 자가 있단다.

적籍심甚무無경竟

그런데 그 글자를 파자해 본 적이 있느냐?

누구 아는 사람 있으면 말해보아라."

한 생도가 손을 들었습니다.

"그래, 말해 봐, 무슨 뜻이 들어있지?"

"네, 훈장님. 제가 알기로는

스무하룻날 대밭으로 오라는 뜻입니다."

'스무하룻날 대밭으로 오라고?'

나는 혼자 중얼거렸습니다.

훈장님께서 물으셨습니다.

"어떻게 그런 풀이가 가능한지 말해보아라."

그 생도는 이미 훤히 알고 있었습니다.

흰 종이에 가느다란 붓으로 쓰면서

"여기 옛 석卄 자는 스무하룻날이고

대 죽竹 자는 대나무밭이며

올 래來 자는 오라는 뜻입니다."

나는 그때 익힌 그 파자법으로 인해

한문도 나름대로 이루어진 배경이 있고

거기에 삶의 문화가 있고

철학과 사상이 담겨있음을 알았습니다.

한문은 그대로 인간의 역사고

시공간이며 문학이며 예술이었지요.

글자 한 자 한 자에 담겨있는 생활 과학 그 자체에

적籍십집무無경章

처음으로 눈을 뜨는 순간이었습니다.

나의 한문을 읽는 방법은

바로 이 호적 적籍 자가 남상濫觴이었지요.

호적 적籍 자는 대 죽竹 부수로

자그마치 20획이나 되는 복잡한 글자인데

지금도 잊혀지지 않는 것은 스토리 때문입니다.

애인에게 글자 한 자 살며시 남깁니다.

호적 적籍 자 딱 한 글자입니다.

거기에는 이런 뜻이 들어있습니다.

어디로 : 대나무 숲竹으로

언제 : 스무하룻날廿

어떻게 : 살그머니 와耒

번체자인 올 래來 자를 약자로 쓸 때

올 래来, 올 래徕, 올 래俫, 올 래倈, 올 래徕

올 래逨 등으로 쓰기도 하지만

'올 래耒자'라는 새김의 한자는 없습니다.

이는 쟁기 뢰耒, 가래 뇌/뢰耒 자입니다.

가래 뢰耒와 올 래來가 비슷하다 보니

더러 같이 쓰기도 합니다만

정확하게는 다른 글자입니다.

호적 적籍 자와 비슷한 글자에

짓밟을 적籍이 있고 깔 자藉가 있습니다.

이 둘은 초두머리⁺⁺만 있고 없을 뿐

마침내 같은 글자입니다

내가 얘기했습니다

"횡성은 대나무라야 겨우 시누대 뿐인데

대나무 숲 말고 훈장님, 풀밭은 안 되나요?"

다른 생도들이 어리둥절해 있는데

훈장님은 역시 훈장님이었지요.

"없기는 왜 없겠느냐? 당연히 있지!"

내가 반가워하며 여쭈었습니다.

"훈장님 초두머리의 적籍 자가 있나요?"

"아무렴! 당연히 있고말고"

훈장님의 다음 말씀이 걸작이었습니다.

"스무하룻날廿이 지나고 난 뒤

풀밭⁺⁺에 와서来 보니

웬걸? 풀밭이 옆으로 누워있는 거야."

사춘기에 눈을 떠 가는 우리들에게

처음에는 다들 어리둥절했는데

훈장님께서 흘리는 입가 웃음에서

의미를 알아채고 모두들 함께 웃었습니다.

호적 적籍에 들어있는 옛 석昔 자는

스무廿 하룻一 날日 로써 '오래'란 뜻입니다.

여기는 매월 드는 21일일 수도 있고

스무하루가 지난 뒤일 수도 있습니다.
또 '나를 만나려면 갈대 자리 위에서
적어도 삼칠일 동안 마음 가다듬고 오라'는
그런 녹녹치 않은 대답일 수도 있습니다.
예로부터 우리나라 종교 문화에서는
사흘이거나 또는 이레거나
삼칠(3×7)일을 기도기간으로 정했습니다.
그리고 긴 것이 백일기도이고 혹은 천일기도지요.
정선아리랑에는 '백일정성'이 나오지만
단군신화에서는 삼칠일 동안 정진 끝에
곰은 인간이 되었다고 합니다.
스무하루 동안은 사실 짧은 시간이 아닙니다.
요즘은 유치원 원아들도 곧잘 얘기합니다.
"내가 아주 어릴 적에 말이야!"
"내가 옛날에, 아주 옛날에 말이야!"하면서
옛날을 쉽게 얘기합니다만
스무卄하루一 동안日이 지나면 옛昔입니다.
한一 순간念이 곧 삼천三千이란 말씀에도
'한 순간이 곧 삼천년'이란 시간적 의미와
'한 순간에 삼천대천세계에'라고 하는
시간 속 공간의 의미를 담고 있습니다.
참고로 시제時際를 얘기할 때

옛 석昔 자가 스무卄하루一동안日 이전을
옛날昔이라 이름 붙이듯이
옛 고古 자도 열 사람十 입口을 거치면
이미 옛날古이 된다는 뜻입니다.
과거過去에는 마음이 실려 있지 않고
미래未來에도 마음이 실려 있지 않기 때문에
용어에 마음 심心 자가 들어있지 않습니다.
마음心의 세계는 늘 지금今에 들어있기에
이를 염念의 세계라 합니다.
념念은 '생각 개념'보다 '시간 개념'입니다.

0302 심할 심

'단짝'이란 말이 있습니다.
친구 중에서 가장 가까운 벗입니다.
언젠가 어느 젊은이가
내게 자신의 남자 친구를 인사시키면서
"큰스님, 제 베프예요."

나는 무슨 말인지 몰라 되물었습니다.

"베프? 그래 그게 어떤 뜻인데?"

"큰스님, 베프 모르세요? 베스트 프랜드!"

"베스트 프랜드라면 알지. 단짝!"

"네 큰스님, 그러고 보니 '단짝' 맞습니다."

단짝의 어원이 바로 이 심할 심甚 자지요.

심할 심甚 자는 달 감甘 부수에

짝 필匹 자를 덧붙인 글자입니다.

그러니 이를 '단짝 심甚'이라 새긴다면

한문 해석학에 새로운 새김을 더하는

좋은 예가 될 것입니다.

오늘부터 이 글을 접하는 분들은

지금까지 '심할 심甚' 자로 알고 있던 글자를

'단짝 심甚'으로 새롭게 기억하십시오.

마음이 한없이 부드럽고

쓰는 언어가 지극히 서정적일 때

짝을 부르고 짝이 찾아오게 되어 있습니다.

좋은 짝이 서로 만나 마음을 나누고

몸을 나누고 아름다운 언어를 섞습니다.

남녀가 서로 깊이 사랑하게 되면

심할 경우에는 부정적일 수도 있습니다.

이를 남들은 충분히 이해하면서도

때와 장소를 가리지 않고

사랑의 몸짓이 행해질 때

사람들은 한 마디씩 중얼거립니다.

"야! 이 사람들 이거 심하긴 좀 심하다

그래도 때와 장소는 가려야 하지 않나?"

여기서 나온 말이 '심할 심甚' 자입니다.

사람들은 생각지 않았던 상황이

좀 크게 벌어지면 시나브로 얘기합니다.

"뭐야?"

"뭐야 뭐야?"

"이게 무슨 일이냐?"

"이건 또 웬 시츄에이션Situation?"

이때 이 '심할 심甚' 자에

의문 어조사 '그런가 마麽'를 덧붙여

'심마甚麽'라 쓰고 '삼마'라고 읽습니다.

지금도 중국어 구어체 '썸머甚麽?'는

가장 많이 쓰이는 의문문이지요.

이 썸머甚麽 앞에 지시대명사 시是를 붙여

'이게 무엇인가是甚麽?'라 쓰고

'쓰썸머'라 읽습니다.

이때는 '심할 심'이 아니라 '무엇 삼甚'입니다.

우리 한국불교 선가에서는

'시삼마' 또는 '이뭣꼬' 화두가 유명합니다.

그럼에도 불구하고 일부인들은

이를 '시심마' 라고 읽습니다.

말이 꼭 안 되는 것은 아니지만

이는 마치 락樂/楽/乐 자가 '풍류 악' 외에

'좋아할 요' '즐거울 락/낙'이라 읽히듯

음악音樂이라 써 놓고 음요音樂라 읽고

음낙音樂이라 읽으며 음락音樂이라 읽듯 어색하겠지요.

0303 없을 무

할 말이 가장 많은 없을 무無 자입니다.

너무 많은 말을 담고 있는 '없음無'

'없음'이란 '있음'의 다른 의미이기에

그만큼 할 얘기도 많습니다.

너무甚 많기에 오히려 입이 열리지 않습니다.

'없을 무無', 언제 시간을 따로 내어

이 '없을 무無' 속에서 놀고 싶습니다.

무無의 단짝甚인 '공空'과 함께 말입니다.

竟

소리音에는 자연이 내는 소리

사람의 목소리, 갖가지 생명이 내는 소리

인위적으로 만들어 낸 소리 따위가 있습니다.

이러한 다양한 소리들音을

모으고 나누고

쪼개고 합하고

늘이고 줄이고

높이고 낮추고

올리고 내리고

세게 하고 여리게 하고

굵게 하고 가늘게 하고

차갑게 따스하게 뜨겁게 하고

온갖 소리의 빛깔을 집어넣고

때로는 자연 그대로의 소리를 가져와

우리 인간은 아름다운 음악을 만들어냅니다.

인간에게 만일 음악이 없다고 한다면

상상만 해도 그 삭막함을 감당할 수 없습니다.

그러나 음악이 음악으로서의

그 아름다움을 유지할 수 있음은

때로 멈춤이 있고 쉼이 있는 까닭입니다.

마칠 경竟 자는 소리 음音 자와

어진사람 인儿 자가 어우러진 글자입니다.

보통 4악장으로 된 교향곡이라면

그 네 악장이 모두 끝났을 때

음악은 쉼으로 돌아갑니다.

그렇습니다. 잠시 쉼일 뿐입니다.

음악은 우주공간 내에 꽉 차 있는데

이를 사람들이 즐길 수 있게

다듬고 꾸며놓았을 뿐이니까요.

네 개의 악장까지 모두 끝남을 표현함이

마칠 종終이 아니라 마칠 경竟입니다.

알다시피 마칠 종終 자에는

겨울冬라는 계절이 들어있고

여기 마칠 경竟 자에는

음악音이라는 예술성이 들어있으니까요.

<077>

학學우優등登사仕
섭攝직職종從정政

0305 **배울 학學**

0306 **넉넉 우優**

0307 **오를 등登**

0308 **벼슬 사仕**

학과 덕이 넉넉하면 벼슬에 올라
섭직하고 정사함에 함께하리니

아들자子 부수에 들어있는 글자입니다.

영어로는 '스터디study', '린learn'으로 풉니다.

배울 학學 자는 본디 이게 아니고

처음에는 이처럼 '흙 굳을 학壆'자였습니다.

'흙 굳을 학'이라는 새김에서 드러나듯이

배움이란 터基礎를 다지는 작업이지요.

대지土를 장만하고 터를 닦은 뒤

그 터 위에 움집冖을 짓습니다.

양 손臼으로 나무를 엮는爻 모습에서

비록 고대광실은 아니라 하더라도

사람이 우선 쉴 수 있는 작은 움집입니다.

또는 양 손臼으로 나무를 엮는爻 게 아닌

책爻을 들고 있는 것으로 보아

배움이란 '본받다效'는 뜻과 함께

학동들을 '사귀다爻'로 풀기도 합니다.

배움의 주체가 누구이겠습니까.

어린이들이고 청소년입니다.

그래서 '흙 토土'자가 빠진 자리에

'아들 자子'자가 대신 들어앉은 것입니다.

본 뜻은 '배우고學 익힘習'입니다.

전서篆書에 '깨우칠 효斅'자가 있는데

이 효斅 자에서 회초리攴가 생략된 것이지요.

이 배울 학學 자는 때로

다르게 새기고 발음되기도 하는데

되샛과의 새 '고지새'를 표현할 때는

'고지새 할學'로 새기고 읽습니다.

전혀 뜻밖이지 않습니까?

고지새는 우리나라 여름 철새로서

밀화密話/花 부리로 잘 알려진 새입니다.

한문에는 특이한 새김이 꽤 많이 있습니다.

'즐거울 락樂'이 '좋아할 요樂'가 되고

'깨달을 각覺'이 '꿈깰 교覺'로 읽히고

'악할 악惡'을 '미워할 오惡'로 새기듯이

'학學'이 '가르칠 교學'로 새겨지기도 합니다.

불교에서 유학有學이냐 무학無學이냐 만큼

중요한 것은 그다지 많지 않습니다.

유학은 학문적으로 완벽하게 다 갖춤이요.

무학은 배운 게 없는 무식한 자일 수 있습니다.

또한 유학은 배울 게 남아 있는 그룹이고

무학은 더 배울 게 없는 경지입니다.
배울 게 남아 있다면 이는 중생 그룹이고
더 배울 게 없다면 부처의 경지입니다.
같은 단어 유학과 무학을 놓고
어떻게 해석하느냐에 따라
이처럼 학덕이 높은 사람이 되는가 하면
배울 게 남아 있는 중생이 될 수도 있고
보고 배운 바가 없는 무식한 자가 되는가 하면
더 배울 게 없는 무학의 자리無學位
곧 아라한阿羅漢arhat일 수도 있습니다.

0306 넉넉 우

넉넉하다는 것은 어떤 상태일까요.
가진 것이 많은 게 넉넉함이겠습니까.
아니면 가진 것은 별로 없지만
마음이 여유로우면 넉넉함이겠습니까.
여유로운 마음이 넉넉함이라면

한 번 여유로워진 마음은

어떤 상황이 오더라도 늘 여유로울까요.

이런 저런 생각을 해보지만

여유로움의 정답이 나오지 않습니다.

같은 '넉넉할 우優'자를 놓고

'뛰어날 우優'자로 새기기도 합니다.

그럼 '뛰어나다'는 것은 어떤 모습이겠습니까.

학문이 뛰어남일까요

기술이 뛰어남일까요

예능이 뛰어남일까요

지위가 뛰어남일까요

경영이 뛰어남일까요

사람이 완벽할 수는 없습니다.

그럼 우리가 잘 쓰는 말로

사람이 아닌 신神은 완벽한 존재이겠습니까.

신의 세계는 민감한 분야이니

어떤 경우라도 건드리지 말라고요?

사람 인亻 변에 근심 우憂 자를 붙인 것이

'넉넉할 우優'자고 '뛰어날 우優'자입니다.

그러고 보면 넉넉하고 뛰어남은

근심 걱정이 전혀 없는 게 아니라

걱정 근심이 늘 함께함이 될 것입니다.

'근심 우憂'자를 자세히 들여다보니
근심은 사랑愛에서 시작되었습니다.
'근심 우憂'자와 '사랑 애愛'자는 그 바탕이 같습니다.
사랑愛은 손길爪에서 시작되고
덮어宀주는 마음心으로 이어지며
삶에 있어서 보조夊를 맞추는 데 있는데
손길 대신 머리百로만 헤아리려 하니
으레 근심憂이 생길 수밖에 없습니다.
'머리百'는 왜 '일백 백百'자로 놓았을까요.
몸의 각 부분과 지절肢節들이
각기 하나의 기능을 지닌 데 비하여
머리는 온갖百 기능을 다 지닌 까닭입니다.
아무튼 넉넉함 속에는
근심 걱정 번뇌도 함께 들어있어야 하고
뛰어남에도 이들이 녹아있어야 합니다.
하나님 부처님은 근심이 없겠습니까.
당연히 근심 걱정이 없어야겠지요.
하나님은 잘 모르겠으나
부처님은 근심이 태산이실 것입니다.
샛길로 빠지려는 중생 때문입니다.
한 젊은 벗이 내게 질문을 해왔습니다
"큰스님, 질문이 있는데요?"

"그래? 그럼 물어보시게."

"부처님은 아무런 근심이 없으시겠지요?"

"부처님도 근심이 있으시다네."

"큰스님, 지금 농담하시는 것이지요?"

"농담이라니! 부처님을 놓고?"

"아! 죄송합니다. 저는 농담이신 줄....."

내가 얘기했습니다.

"아닐세, 그러나 부처님께서는 말일세

묵혀 두시는 근심이 없으시다네."

"묵혀 두시는 근심이 없으시다고요?"

"그렇지, 우리 젊은 친구 잘 들어보라고."

"네, 큰스님."

젊은이의 침 삼키는 소리가

그 자신의 대답을 삼켜버렸습니다.

"중생들의 근심은 어떠하느냐 하면

지나간 근심을 있는 대로 다 가져와 되새김질하고

다가오지 않은 미래 근심도 왕창 앞당겨 와서

가불假拂 근심을 하고 있거든!

그런데 우리 부처님께서는

되새김질反芻형 근심이 없으시고

가불형 근심이 없으신 게 다른 점이지."

그제서야 그가 고개를 끄덕였습니다.

중생들은 근심을 재어두지만

부처님께서는 재어두는 게 없으십니다.

재어두시지 않는 게 근심만이 아니라

공덕조차도 재어두시지 않습니다.

마치 태양이 에너지를 재어놓았다가

한꺼번에 방출하는 게 아니라

언제나 현시성現時性으로 방출하듯

부처님의 공덕도 그와 같습니다.

넉넉할 우優 자는 그림씨 '넉넉하다' '뛰어나다' 외에

이름씨 직업적 예능인인 광대, 연기자

배우, 탤런트 등을 가리킵니다.

간체자로는 넉넉 우, 광대 우优 자가 있습니다.

영어로도 충분함sufficient 외에

배우 여배우의 뜻으로 actor, actress라 하고

뛰어나다는 excellent, excellently라 하며

매우 훌륭함의 뜻으로 fine이라고도 합니다.

0307 오를 등

登

이 오를 등登 자는
앞서 읽은 운등치우雲騰致雨의 등騰과
새김訓은 같으나 글자는 다릅니다.
오를 등騰이 말馬의 기운을 표현했다면
이 오를 등登은 단계 오름입니다.
'운등치우'에서 구름의 솟아오르는 모습이
마치 기세등등한 말의 기운이었다면
이 등登은 한 단계 한 단계 오름입니다.
부수 필발머리癶 아래에
콩/팥 두豆 자를 놓은 글자인데
콩 두豆 자는 잔의 상형문자지요.
제사 모실 때 올리는 잔豆 모양입니다.
모락모락 오르는 향 연기를
사실적으로 그린 모습이라 하겠습니다.
오르다, 나가다, 기재하다, 익다, 제기 이름 등登과
해돋이, 달돋이, 솟다, 수레에 오르다
산을 오르다, 계단을 오르다

척도에 오르다, 직급, 지위

월급, 성적 등이 오르다 따위입니다.

'어긋날 발癶'을 '필발머리'라 하는데

'필발머리'란 '필 발發'자에서

머리 부문만 따와 생긴 부수 이름입니다

또 필발머리는 신위를 모신 제단 앞에

드리워진 커텐 아래 쪽을

양쪽으로 걷어 묶은 모습이지요

다시 말해 평소에는 커텐을 드리워놓았다가

제사를 모실 때는 커텐을 걷어

양쪽으로 묶는 모습을 택하고 있습니다.

따라서 필발머리發 부수 글자들은

제사 제祭 자를 비롯하여

제단祭壇과 관련된 경우가 많습니다.

仕

사람인변亻에 선비 사士 자를 한 글자로

본 뜻은 정치에 참여함이고

벼슬길에 나아감이며

벼슬하고 있는 이는 승진함입니다.

이를테면 오피셜 랭크official rank입니다.

바야흐로 정치의 시대입니다.

선거란 최선을 선택함이 아니라

최악을 버리는 작업이라고들 합니다.

그런데 저우씽쓰 선생은 말하고 있습니다.

"학우등사學優登仕, 많이 배운 뒤 벼슬길에 오르라"고요.

주권을 가진 국민으로부터

한 나라의 살림을 대신 맡는 이들이라면

기본적 학문이 갖추어져야 합니다.

세금포탈을 비롯하여 별을 수두룩하게 단 범법자에게

국민 모두의 일, 나랏일을 맡길 수 없고

국민을 배신한 자에게 나랏일을 통째 맡길 수 없습니다.

<078>

학學우優등登사仕
섭攝직職종從정政

0309 **잡을 섭攝**

0310 **직무 직職**

0311 **좇을 종從**

0312 **정사 정政**

학과 덕이 넉넉하면 벼슬에 올라
섭직하고 정사함에 함께하리니

攝

잡을 섭攝 귀의 구조를 살펴보면

첫째 바깥귀外耳

둘째 가운뎃귀中耳

셋째 속귀內耳/蝸牛로 되어 있습니다.

'잡을 섭攝'자는 새김 '잡다'에서 보여지듯이

'귀 이耳'자가 중심이 아니고

재방변扌에 목적이 들어 있습니다.

3개의 '귀 이耳'자를 쓴 '잡을 섭聶'자는

남의 소리에 귀를 기울이라는 뜻에서

비유로 가져온 글자일 뿐입니다.

그러나 비유는 비유대로 매우 중요합니다.

비유가 곧 목적어는 될 수 없지만

이해를 구하기 위해서는 반드시 필요하니까요.

3개의 귀 이耳 자가 함께 있음은

바깥귀 가운뎃귀 속귀를 모두 동원하여

다른 사람의 목소리를 충분히 듣는 것입니다.

한마디로 정치를 하고자 하는 사람은

자기 이야기를 하기에 앞서

시민들의 아주 작은 소리에서부터

국민들의 매우 큰 소리에 이르기까지

흘리지 말고 들으라는 것입니다.

정치인에게는 3개의 귀攝가 필요합니다.

왼쪽 귀로는 진보의 소리를 듣고

오른쪽 귀로는 보수의 소리를 듣습니다.

왼쪽 귀로는 젊은이의 소리를 듣고

오른쪽 귀로는 어르신들의 소리를 듣습니다.

왼쪽 귀로는 노동자의 소리를 듣고

오른쪽 귀로는 사용자의 소리를 듣습니다.

왼쪽 귀로는 을乙의 소리를 듣고

오른쪽 귀로는 갑甲의 소리를 듣습니다.

청신경聽神經은 이들을 받아들여

불편부당不偏不黨하게 처리하는 것입니다.

정치인은 그렇다 치고, 그럼 수행자는요?

수행자도 마찬가지로 세 개의 귀攝가 필요합니다.

첫째는 부처님 가르침에 기울일 귀요

둘째는 중생들 소리에 기울일 귀며

첫째는 진여의 세계에 기울일 귀요

둘째는 생멸의 세계에 기울일 귀입니다.

첫째는 앞서가는 이들에게 기울일 귀요

둘째는 따라오는 이들에게 기울일 귀입니다.

첫째는 내면의 세계에 기울일 귀요

둘째는 바깥 세상에 기울일 귀며

첫째는 남의 얘기에 기울일 귀요

둘째는 자기 소리에 기울일 귀며

첫째는 있는 소리에 기울일 귀요

둘째는 없는 소리에 기울일 귀입니다.

그리고 보다 중요한 귀가 있으니

이들을 통합해서 듣는 마음의 귀입니다.

귀의 1차적 기능은 '소리 들음'입니다.

음파를 움직여 들리는 소리를 통해

정보를 함께 나누어 지니고

나아가 전달하는 기능을 갖고 있습니다.

음파를 통해 소리를 듣게 될 때

우선 첫째 귓바퀴가 소리를 모읍니다.

둘째 모인 소리는 외이도外耳道를 거쳐

고막鼓膜tympanum에 전달되지요.

고막은 소리를 받아들여

청소골聽小骨로 보내고

청소골은 고막에 울린 음파의 진동을

다시 달팽이관cochlea으로 보냅니다.

달팽이관 어디라고요?

듣는 세포 곧 청세포聽細胞입니다.

청세포에 전해진 소리는 다시

듣는 신경, 곧 청신경聽神經에 의해

대뇌에 전달됨으로써 소리를 듣게 됩니다.

이상이 귀의 듣는 기능感覺이라면

귀의 기능 중 빼놓을 수 없는 게 있습니다.

몸의 평형을 유지해 주는 기능

이른바 평형平衡equilibrium감각입니다.

평형감각은 반고리관半規管과

안뜰 기관前庭器管이 맡고 있습니다.

반고리관은 회전운동을 느끼고

안뜰 기관은 위치와 자세를 느낍니다.

여기에는 중력이 작용하지요

잡을 섭攝 자는 '잡을 섭' 외에

'다스릴 섭'/'편안할 엽/녑攝'

'깃 꾸미개 삽攝'으로 새기기도 합니다.

職/职

'잡을 섭攝'자에도 '귀 이耳'자가 있는데

'직무 직職'자에도 '귀 이耳'자가 들어있습니다.

직장을 구할 때 치러야 하는 게

필기와 실기 그리고 면접面接이지요.

면접에서 중요하게 다루는 분야가

얼마나 답을 잘하느냐도 있지만

실제로는 면접관의 질문에 대해

얼마나 성실하게 듣느냐로 가부가 정해집니다.

직업의 '직職'은 기록한다는 뜻입니다.

직장인에게 있어서

첫째 성실성은 잘 듣기耳이고

둘째 성실성은 잘 말하기音며

셋째 성실성은 잘 드러내기戈입니다.

듣기耳+말하기音+드러내기戈=직무職의 형식이

직업의 직職 자를 형성하고 있습니다.

여기서 듣기耳와 말하기音를 대표로 들었지만

눈目과 코鼻를 합하여 이목구비라 일컫고 있습니다.

한문의 '이목구비耳目口自' 네 글자가
서로 조금씩 닮은 거 같지 않습니까.
이목구비의 비鼻를 자自로 잘못 썼다고요?
스스로 자自 자와 코 비鼻 자는 같은 자입니다.
본디 코 비鼻 자는 '자自' 자였는데
나중에 비鼻와 자自로 갈라선 것입니다.
'이목구비'의 한문 모양새가 닮은 것은
이들 귀와 눈, 입과 코의 기능이
서로 영향을 준다는 것입니다
그래서일까 입을 벌려 하품을 하다 보면
눈에서 눈물이 찔끔 나오기도 하고
코를 좀 세게 풀다 보면
느닷없이 귀가 먹먹해지기도 합니다
비행기가 높이 날다가 착륙을 준비할 때
기압 차이로 오는 문제지만
귀가 먹먹해질 때가 있습니다.
이때 침을 삼키면 귀가 뻥 뚫리는 경우도 있지요.
물론 숨은 코로 쉬는 게 일반적이지만
더러는 입으로 쉬기도 합니다.
귀와 콧구멍이 연결되어 있는 것은
유스타키오管eustachian tube으로도
확인이 가능한 일입니다.

아무튼 한자를 만들어 낸 옛날 사람들의 삶의 지혜와
오늘날처럼 발달한 첨단과학은 아니더라도
한자 속에 깃들어 있는 사상과 문화
의학 생물학 생활과학 등을 살피노라면
나름대로 장하다는 생각을 지울 수 없습니다.
직職 자를 놓고 보면
잘 듣고 잘 말하고 잘 드러냄이라 했는데
드러낸다는 것은 자기 개인이 아니라
자기로 인하여 몸 담고 있는 직장이
아름다운 그 이름을 드러내는 것입니다.
창 과戈 자는 무기의 창일 수 있으나
직職 자에 들어있는 창戈은
깃발이 펄럭이는 찰간刹竿과 같은 것입니다.
동아프리카 탄자니아Tanzania에는
시골이나 도시나 할 것 없이
찰간대가 많이 세워져 있습니다.
높이 선 대나무 장대 끝에
녹색 페넌트Pennant가 펄럭이면
정당政黨의 표시일 수도 있지만
점집이거나 무당집일 가능성이 높습니다.
이것이 직職 자의 뜻입니다.
깃발 치識/기 치幟/기치 치織/말뚝 직樴

직분 직職 등이 있지만 '거둘 직戠'자가 들어간 글자들은
드러나기, 광고하기의 뜻이 담겨 있습니다.
자신으로 인해 그 부서가 빛이 나고
그 회사가 이름을 드날리고
그 공장이 유명해지고
그 가게가 더욱 번창해진다면
그는 직분職에 충실했다고 할 것입니다.

0311 쫓을 종

從 / 从

쫓을 종從 자에는 6명 사람이 있습니다.
두인변彳이 2사람이고
쫓을 종从이 2사람이며
서 있는 사람卜 1사람과
맨 아래 달리는 사람人이 1사람이지요.
번체자 종從이 번거롭다 하여
중국어에서는 간체자 종从을 만들었는데
이는 쫓을 종從 자 머리에서 따온 것입니다.

그러나 이 좇을 종從 자에서
두인변彳과 좇을 종从을 뺀 나머지를
서 있는 사람卜과 달리는 사람人으로 보지 않고
2글자를 합해 그칠 지止 자로 보기도 합니다.
이는 사람이 지나가고 난 뒤에
남는 발자국을 본뜬 것으로 풀이합니다.
어떻습니까? 발자국이 걸어가고 있습니까?
발자국은 계속되는 진행형이 아닙니다.
진행형은 걸어가는 사람이고
발자국은 걸어간 사람이 남긴 완료형입니다.
따라서 움직임動과 멈춤靜이 함께 하고
걸어감行과 쉼止이 함께 하는 글자가
바로 좇을 종從 자에 들어있습니다.

좇는 사람, 따르는 사람从에게
본디 방향은 정해져 있지 않았습니다.
왜냐하면 종从은 사람 인人 자 두 글자가
좌우로 평행을 이루기 때문에
어느 쪽 사람이 이끌고
어느 쪽 사람이 따라가더라도 무방하니까요.
나중에 나온 글자가 견줄 비比 자인데
이는 좇음 또는 따름에 대한
방향성을 설정하기 위해서입니다.

오른쪽으로 향해 감을 비比라 하고
왼쪽으로 향해 감을 종丛이라 합니다.

0312 정사 정

정치에 개인적 자유는 허용되지 않습니다.
특히 정당정치에서는 더욱 그렇습니다.
정당에 몸을 담고 있는데
그 정당의 방향이 나와 다르다 하여
반기反旗 들고 나오는 것은 분명 배신입니다.
정치政는 공명정대正를 중심으로
단체를 이끌어가고
회사를 경영하고
지역을 이끌고
나라를 다스리는데 제도攵가 필요하지요.
정사 정政 자에는 정正만 있는 게 아니라
시스템 곧 제도攵가 있기 때문에
중구난방衆口難防이 되지 않는 것입니다.

사람들은 뛰는 것을 좋아합니다.

전체가 걸어가는 길에 반기를 들면

똑똑하다 하고 박수를 줄 지 모르지만

정당정치에서는 그게 허용이 되지 않습니다.

자! 어떻습니까?

오른쪽比으로 좋을까요.

왼쪽씨으로 따를까요.

장래가 없고 희망 없는 당에 목숨을 걸까요.

키워준 당을 배신하고 무소속으로 갈까요.

그건 다 정치인들 얘기일 뿐

우리 서민들과는 전혀 무관하다고요.

귀의 또다른 기능에서 보듯이

국민의 소리를 듣기만 하는 게 대수가 아니라

평형을 이루고 조화를 이끌어내는

아름다운 정치가 이루어졌으면 싶습니다.

삼짇날, 강남江南 갔던 제비가 돌아왔습니다.

강남이 서울의 강남이라면

한강 이남 지역이라는 얘기인데

그래도 그렇지 우리나라 속담인데

설마 양쯔 강揚子江 이남은 아니겠지요?

<079>

존存이以감甘당棠

거去이而익益영詠

0313 **있을 존存**

0314 **써 이以**

0315 **달 감甘**

0316 **아가위 당棠**

살아서는 나무아래 정사를폈고

죽어서는 감당시로 칭송더했네

0313 있을 존

있다, 존재하다, 살아있다, 싱싱하다, 안부를 묻다
노고를 치하하고 위로하다, 보살피다, 살펴보다, 보존하다
보전하다, 편안하다, 문안하다, 관리하다, 관장하다
생각하다, 그리워하다, 가엽게 여기다, 마음이 향하다
쏠리다, 달려가다, 세우다, 설치하다, 이르다, 다다르다
어떤 장소나 시간에 닿다 따위 뜻이 들어있습니다.
멍커孟軻Mengke(B.C371~B.C289)는
유명한 말을 그의 어록《멍즈孟子》에 남겼습니다.
순천자존 역천자망順天者存 逆天者亡
'하늘天을 따르는 자는 살存 것이요
하늘天을 거스르는 자는 죽을亡 것이다.'라고요.
이는《明心寶鑑》〈天命篇〉에도 나옵니다.
나는 어려서 이 대목을 읽을 때
하늘이 도대체 뭐길래 하늘의 소명이 무엇이길래
하늘을 따르는 자와 거스르는 자를 놓고
이렇게 편가르기를 하는 것일까 하고 생각했습니다.
나중에 나는 '하늘'은 어떤 신神이 아니라

58

존재이끄감탄명桒

자연의 질서를 뜻한다는 것을 알고
바야흐로 고개를 끄덕이게 되었습니다.
이 있을 존存 자는 아들자子 부수로
천거할 천/있을 존侟과 통하는 글자입니다.
게다가 홀로 머물기도 하지만
있을 재在 자와 동거하는 경우가 많습니다.
같은 뜻의 있을 존存이고, 있을 재在인데
둘 다 푸른 하늘一에 머리를 두고 있는 존재丿며
이는 때로 직립丨의 사람이기도 하고
때로 서 있는 초목丨이기도 합니다.
따라서 그가 어떤 존재이든
반드시 공간一을 점유占有丿해야 하고
동시에 시간丨을 배태胚胎丿하지 않고는
머물러 있을丿 자리一가 없고
모습을 보여 줄 짬丨이 없습니다.
따라서 존存이든 재在든
그들에게는 시공간丨一이 함께 있어야지요.
우주一丨는 이처럼 시공간입니다.
공간이 반드시 가로형이고
시간이 꼭 세로형이어야 하는 법칙은 없으나
우리는 표현의 편의상에서
가로一를 공간으로 생각해내었고

세로를 시간으로 그리고는 했습니다.

그런데 시간의 흐름이 세로로 흐르던가요.

시간에 중력의 법칙이 작용하던가요.

그렇지 않습니다.

시간에 중력의 법칙은 없지만

늘 위 아래 ㅣ로 시간을 표현해내고

확장의 법칙이 공간에만 있는 게 아닌 데도

공간을 그릴 때 세로 ㅣ보다는

늘 가로로, 수평 一으로 표현합니다.

이 시간 ㅣ과 공간 一을

기하 ╱로서 점유한 어떤 것을 존재라 합니다.

존재存在에는 존存과 재在가 있습니다.

존存은 아들 자子를 둠으로써

기본적으로는 사람입니다만

존재의 본질 바탕을 얘기하고 있으며

재在는 흙 토土를 둠으로써

기본적으로는 대지이지만

존재의 본질 그 바탕이 머물

시간과 공간 곧 그릇세간器世間입니다.

나와 너는 재在가 아니라 존存입니다.

나와 너, 그리고 다른 이들도 공간을 점유하고

시간을 배태한 물질은

그것이 비록 아주 작은 원자라 하더라도

또는 아주 큰 우주라 하더라도 이는 존存의 존재입니다.

그리고 이들 존存이 머물 수 있도록

근거를 제공하는 시간과 공간이 재在입니다

원자가 있는 시공간은

원자가 머물 만큼의 시공간일 것이고

우주가 있는 시공간은

우주가 머물 만큼의 시공간일 것입니다.

우리는 보통 존재存在라고 했을 때

단순하게 '존재'로써 끝내지만

이처럼 존재라는 존재에는

그 존재質가 존재할 수 있는 여건器이

완벽하게 갖추어져 있을 때

존재가 존재의 가치를 인정받을 수 있습니다.

어제 아침이었습니다.

일요법회 기도를 시작하기 전

냉장고에서 우유를 꺼내어 마시려다가

문득 찍힌 날짜를 보게 되었습니다.

상단 뜯는 곳에 날짜와 함께

시간까지 정확하게 찍혀 있었습니다.

보통은 이 날짜와 시간이란

상온常溫을 배경으로 했을 때입니다.

만약 냉장고에 보관했을 때는
상미기간嘗味期間이 좀 지나더라도
마시는 데는 이상이 없다고 합니다.
그런데도 찍힌 날짜와 시간보다 늦으면
아무래도 한 번 더 생각하게 되고
그래도 께름직하게 느껴지면 버릴 수밖에요.
여기서 이른바 우유라는 존재가
우유라는 존재로 존재가치를 지니려면
그의 존재 기간이 지나지 않아야 하고
그의 존재가 어디에 어떻게 있었는지
머물던 공간이 어디냐를 따지게 됩니다.
그의 존재가 상온에서였다면
그가 아무리 아깝다 하더라도
존재가치를 지닐 시간이 지나버렸으니
사정없이 폐기처분할 수밖에 없습니다.
내가 우유팩을 보이며 물었습니다.
"어때요? 이거 날짜 지난 건데 괜찮을까요?"
옆에 있던 불자님이 팩을 들여다보더니
"스님. 팩이 차가운 것으로 보니
냉장고에서 갓 꺼내신 것 맞지요?"
"맞아요. 방금 꺼냈는데~"
"아유! 그러면 그냥 드셔도 돼요.

겨우 이틀밖에 안 지났는데요 뭘!"
나는 우유를 따서 전자레인지에 데운 뒤
맛있게 마셨습니다.
존存의 존子이 존存하기 위해
재在라는 환경土을 필요로 합니다.
따라서 재在라는 환경土도
환경으로서의 가치를 지니고자 한다면
반드시 존存이라는 존子이 있어야 합니다.
다시 말해서 진공真空이라는 재在가
진공이라는 가치를 지니려면
그 진공이라는 '재在' 홀로는
아무런 가치를 지니지 못합니다.
반드시 묘유妙有라는 존存을 배태할 때
재로서 진공으로서의 가치를 지니지요.

붙박이별恒星fixed Star도 없고
떠돌이별行星planet도 없고
달별衛星satellite도 없고
혜성도 운석도 우주먼지도 없고
암흑 물질 암흑 에너지도 없고
수소도 헬륨도 없고 질소도 산소도 없고
어떤 원자 어떤 원소도 없이 존재하는
그런 우주를 상상해보셨습니까?

존存이있고감며묘業

세상에 그런 우주는 없습니다.
우주宇宙가 시공간time-space을 뜻함은
이미 누구나 다 아는 사실입니다.
그런데 달랑 시간과 공간만 있고
그 시공간 속에 아무것도 들어있지 않은
그런 시공간을 생각해보셨습니까?
세상에 그런 시간은 있을 수 없고
그런 공간도 있을 수 없습니다.
앞서 학우등사學優登仕의
'우優'에서 이미 말씀드렸습니다.
"근심憂 없는 넉넉함優은 있을 수 없다"고요.
묘유妙有 없는 진공眞空은 진공이 아닙니다.
이는 '거짓 빔假空'입니다.
내가 말하는 '거짓'은 가짜가 아니라
몰가치沒價置, 곧 가치가 없다는 것입니다.

以

한문에서 이 '써 이以'자만큼

많이 쓰이는 한자도 별로 없을 것입니다

일반적으로는 회의문자로 보는데

상형문자로 보는 견해도 더러 있습니다.

이는 연장을 이용하여

밭 가는 모습을 본떠 만들어졌습니다.

써 이以 자의 다른 글자로

써 이㠯 자가 있고, 써 이㕾 자가 있습니다.

낌씨介詞인 '써 이以'자의 용례用例는

생각보다 많은 까닭에 소개는 생략합니다.

써 이以 자는 2개의 사람 인厶자에

가운데 점丶을 찍은 형태인데

예전에 소를 칠 수 없는 형편에서는

소 대신 사람이 쟁기를 메어 밭을 갈았지요.

사람이 끌 작은 쟁기丶를 가운데 두고

쟁기를 끄는 사람卜과 밭을 가는 사람人

이들을 표현한 것이 써 이以 자입니다.

0315 달 감

'달다'라는 표현은 오미五味 중 하나지요.
신맛, 쓴맛, 단맛, 매운맛, 짠맛입니다
이 가운데 매운맛은 맛이 아니라 통증인데
옛 문헌에 따라 맛으로 넣었습니다.
특히 중국의 문화는 가운데를 중심으로
사방으로 퍼져감을 좋아하고
또는 사방에서 중앙을 호위하는 것을 즐겨
오방문화를 발전시켰지요.
따라서 중앙에 단맛을 놓고
사방에 신맛 쓴맛 매운맛 짠맛을 두었습니다.
단맛은 맛의 중심입니다.
약방의 감초甘草라 하는데
감초가 맛을 중화시키는 중심이며
다섯 가지 맛의 총체이기 때문입니다.
달 감甘 자는 초두머리 ** 아래
입 구口 자를 놓은 글자로
이는 입맛口에 맞는 약초 **를 뜻합니다.

존재의 이강타먕樂

棠

아가위는 산사山査나무 열매로
'산사자山査子'라 합니다.
산사나무를 산앵도山鶯桃나무라고도 하고
팥배나무棠梨라고도 하는데
나는 식물에 대한 견해가 많이 얕습니다.
나무 목木 부수에 들어있는 글자로
나무 목木 자가 의미값이고
오히려/숭상할 상尚/尙이 소릿값입니다.
혹은 '소경구목小冂口木'이라 하지요.
아주 자질구레小한 데서부터
크고 넓고 높고 먼冂 데 이르기까지
발 없는 사람의 말口이 천 리에 미친다 하여
언어의 힘Power을 얘기합니다.
그 힘은 감당시甘棠詩에서 엿보입니다.
입 구口 자와 나무 목木 자가 만나면
강보에 싸인 아기를 본뜬
지킬 보保 자와 같은 뜻을 지닙니다.

그러나 혹 지키고 보호하는 사람亻이 없으면

어리석을 매/치매 매呆 자가 됩니다.

치매呆는 나뭇가지木 끝에 올려진

달랑 단 하나의 열매口 처럼

바람의 방향 따라 움직이게 마련이고

언제 새나 곤충의 습격을 받을지 모릅니다.

아가위나무에 설마 그럴 일이야 없겠지요.

우리가 살아가는 오늘날에도

감당시로 칭송할 만한 장한 인물이

많이 나와주었으면 하는 바람입니다.

감당시는 《쓰징詩經》에 나옵니다

<080>
존存이以감甘당棠
거去이而익益영詠

0317 갈 거去

0318 말이을 이而

0319 더할 익益

0320 읊을 영詠

살아서는 나무아래 정사를 폈고
죽어서는 감당시로 칭송더했네

去

착어着語

거수공 내수공去手空來手空

가는 손이 비어있음이여

오는 손도 비어있으리니

부수 이름이 '본디마늘모厶'입니다.

그냥 '마늘모'가 아니고

'본디마늘모'라는 긴 이름의 부수라고요.

긴 이름의 부수가 맞습니다.

일반적으로 '마늘모'라 발음하지만

죽음과 관련된 단어로 읽힐 때는

'본디마늘모'로 읽어야 한다고

내 어릴 적 훈장님은 말씀하셨습니다.

나는 50여 년 전 훈장님께 여쭈었습니다.

"선생님, '본디마늘모' 부수에

흙 토土자 를 위에 얹고 있습니다.

죽으면 시신 위로 흙이 덮이기 때문인가요?"

당시 이재훈 훈장님께서는 답하셨습니다.

거去이而익益영詠

"우리 옥은玉隱이가 좋은 질문을 했구나!

다들 갈 거去 자를 파자할 때

너처럼 본디마늘모厶 위에

흙 토土 자로 풀곤 한단다.

하지만 이는 흙 토土 자가 아니고

입 구口 자가 생략된 길할 길吉 자란다."

나는 50여 년이 지난 오늘날

다른 건 다 잊어버렸는지 모르겠으나

이 갈 거去 자 파자는 잊혀지지 않습니다.

왜냐하면 내 해석도 나쁘지는 않았거든요

그런데 '본디마늘모厶' 위의 흙 토土가 아니라

입 구口가 생략된 길할 길吉이라니

훈장님의 해석이 좀 특이하지 않습니까.

옛 선인들은 '옴來'의 문제 만큼이나

'감去'의 문제를 비중있게 다루었습니다.

위의 나의 착어 '거수공 내수공'에서

이를 '공수래 공수거空手來空手去'로 읽으면

빈 손이 주主가 되고 오감이 객客이 되지만

거수공 내수공去手空來手空으로 읽으면

가고 옴이 주가 되고 빈 손은 객이 됩니다.

물론 한문이란 뜻글자이다 보니

같은 글자를 놓고도

이름씨名詞로 읽는가 하면

그림씨形容詞로 풀어내기도 하고

움직씨動詞나 어찌씨副詞로 풀기도 합니다.

그래서 한문은 '엿장수 맘대로'라 합니다.

그런데 정말 한문이 엿장수 맘대로일까요.

단언하건대 반드시 그렇지는 않습니다.

지구상의 각 부족들이 쓰는 언어는

그것이 한문 문화권이건

영어 문화권이건

이슬람어 문화권이건

산스크리트 데바나가리 문화권이건

또는 스와힐리 곧 반투어 문화권이건

언어 문화에는 그들만이 지닌

언어의 역사와 철학과 패턴이 있습니다.

언어라는 게 나라별로 다른데

왜 부족별로 얘기하느냐 질문하겠지만

나라는 바뀌어도 부족은 바뀌지 않습니다.

본디 지구촌 인류는 처음부터

나라별 인류가 아니라

부족별로 구성된 인류였습니다.

곡창지대를 중심으로 한 호남의 문화는

넉넉한 인심에 나누기를 좋아해서

내가 알기로 전국 어디를 가더라도
호남의 밥상처럼 푸짐한 데가 없습니다.
영남은 태산준령을 중심으로 하다 보니
사람의 성품이 강직하여 한 번 옳은 것은 끝까지 옳고
한 번 그릇된 것은 끝까지 그른 것으로 밀고 나가는
그런 정신의 힘이 삶을 지탱해 왔습니다.
언어도 그에 맞게 발달해온 것이 사실이고요.
고구려 백제 신라라는 나라로 묶이고
나중에 고려로, 조선으로, 대한민국으로
그 대한민국이 다시 남북으로 갈려
나라 이름은 바뀌기를 여러 번이었으나
부족을 중심으로 한 언어와 문화는
그리 쉽사리 바뀌는 것이 아닙니다.
사투리라는 지방어가 곧 부족어입니다.
선거철이면 혈연 학연 지연을 들먹거리지만
학연이라는 후천적 인연관계 외에
혈연과 지연은 거의 선척적 인연입니다.
일부 정치인들이 자기 입맛에 맞게
마구 이끌어가고 조작해가는 게 문제지요.
지역의 특성이라는 것이 무엇입니까?
얼마나 아름답고 고귀합니까?
전라도에서 호남의 넉넉한 인심이 사라지고

경상도에서 영남의 강직함이 없어진다면
이는 마늘에서 생강 향기가 나고
파에서 시금치 맛이 나는 것과 같습니다.
나주배에서 영주 사과맛이 나고
성주 참외에서 무등산 수박 맛이 나면
학연 지연 혈연의 섞음도 좋지만
이는 다양함의 특성을 저버림입니다.
특성은 곧 삶의 문화입니다.
아무리 눈을 비비고 들여다보더라도
우리나라 대한민국은 작은 나라가 맞습니다.
겨우 10만 제곱킬로미터 밖에 안 되니까요
이처럼 작은 나라에도 지역의 특성을 되짚어 보면
그 다양성의 조화가 마치 퀼트작품 같습니다.
여러 가지 다양한 빛깔의 조각 천들이 모여
하나의 조화로운 세계를 형성해가는
바느질과 누비의 작품 퀼트가 맞습니다.
다시 얘기하거니와 언어에는 그들 언어만이 지닌
고유의 생각과 문화가 담겨 있습니다.
이를 엿장수 맘대로라 하여
무조건 비빔밥 문화로만 가져가는 것은
다양성의 아름다움을 저해하는
또 하나의 그릇된 생각이라 나는 봅니다.

가즈아亼숲양謌

갈 거去 자에는 떠남의 문화가 있습니다.
여래如來께서, 부처님께서
'옴來'의 문화를 발달시키셨다고 한다면
가고 옴의 세계를 초월하지 못한
우리 중생들에게는 '감去'의 문화가 있습니다.
'옴'이, 태어남이 축복받을 일이라면
'감'도 죽음도 기려야 할 일입니다.
'기리다'라는 말이 '길吉'에서 왔지요?
'길吉하다'라는 말은 어디서 왔습니까.
'거去하다'에서 왔습니다.
길할 길吉 자와 갈 거去 자가 같은 모양새에
네모ㅁ냐 본디마름모ㅿ냐만 다른 뿐
실제로는 같은 것입니다.
본디마름모ㅿ가 윗입술 모양이라면
네모ㅁ는 활짝 열린 아랫입술 모양입니다.
이들 윗입술과 아랫입술이 만나면
바로 합할 합合 자가 되고
발음도 '합'이라 할 때 입술이 모아지지요.
어떤 이들은 윗입과 아랫입이 만남을
입맞춤할 합合이라 하지만
뭐 그다지 잘못된 표현도 아닙니다.
떠남은 길한 것이고 기릴 일입니다.

평생 멋있게 아름답게 살다가
떠나는 이去의 손길手이 깨끗할空 때
이는 슬픔이 아니라 기릴 일입니다.
오는 이來의 손길手도 깨끗할空 것이고요.
감이, 죽음이 모두가 축복할 만한
그야말로 길吉한 일이라 볼 때
죽음은 주금主今이 되고
더 나아가 주금住今이 됩니다.
곧 영원한 이제의 주인이 되고
길이 이제에 머무는 자가 될 것입니다.

0318 말이을 이

상형문자로 '턱수염 이而'라고도 합니다.
윗글과 아래 문장을 이어주는 글자
별로 쓸모없는 글자일 듯싶지만 중요하지요.
사람과 사람 사이에 간人間이 있고
틈과 틈 사이에 간空間이 있고
짬과 짬 사이에 간時間이 있습니다.

이들 사이를 연결시키는 간間이 없다면
세상은 오래 지탱할 수 없습니다.
개체와 개체가 존속할 수 있음은
바로 이어줌의 세계 간間이 있기 때문입니다.
이 간의 세계가 생활과학에 적용되어
유리와 유리 사이에 공기를 주입한
페어글라스Pair Glass가 있고
고어텍스Gore Tex도 사이間을 활용한
소중한 생활과학 제품이지요
'말 이을 이而' 자도 마찬가지입니다.
윗글과 아랫글을 이어주는 말 이을 이而
어째서 왼쪽 글과 오른쪽 단어가 아니고
윗글과 아래 문장이냐고요
영어 문화권이 아닌 한자 문화는
위에서 아래로 이어지고
오른쪽에서 왼쪽으로 기록하는 문화입니다.
나는 '거수공 내수공'을
왼쪽에서 오른쪽으로 읽었지만 말입니다.
말 이을 이而 부수에 든 글자들을 볼까요.
말 이을 이而, 견딜 내, 능할 능耐, 끝 단, 오로지 전耑
구레나룻 깎을 내, 구레나룻 이耏, 희롱할 사耍
가냘플 연耎, 아첨할 이耏, 주눅들 난耎이 있습니다.

0319 더할 익

益

더할 익益 자는 부수가 그릇명皿입니다.

그릇 위에 물 수水 자가 옆으로 누워있습니다.

누워있다는 것은 넘친다는 표현이지요.

또는 그릇 위에 가득八 넘치는데

그 위一에 다시 넘침八을 더하기에

더한다는 뜻으로 이끌어쓰고 있습니다.

그릇皿 위에 물이 옆으로 누워있지만

물 그릇 아래로 흘러내리지는 않지요.

스페인의 초현실주의의 화가

살바도르 달리(1904~1989)의 작품

'기억의 지속'처럼 흘러내리지 않습니다.

왜 그럴까요?

물이 지닌 뭉치려는 힘

'표면장력表面張力surface tension' 때문입니다.

0320 읊을 영

詠

읊을 영詠을 대할 때마다. 나는 불교에서

의식을 집전할 때 읊는 가영歌詠이 떠오릅니다.

가영 한 수를 잘 읊으면 그 가영만으로

불전공양이 온전하다 할 만큼

불전의식에서 차지하는 역할이 큽니다.

또 읊을 영詠과는 상관이 없는 데도

영가靈歌spiritual가 떠오릅니다.

영가라고 하면 뭐니 뭐니 해도

흑인 영가negro spirituals가 으뜸이지요.

미국에 노예로 팔려온 흑인들에 의해

불려진 니그로풍風의 당김음으로 된 영혼의 노래 영가는

슬프면서도 희망을 담고 있는 민요입니다.

나는 흑인 영가에 대해서라면

며칠 밤을 새워 얘기하고 또 집필하더라도

결코 끝나지 않을 것입니다.

살아서는 음덕을 감당시로 노래했고

죽은 뒤에 감당시로 오래 기억되는 정치인

그런 정치인이 왜 없겠습니까.

<081>

악樂수殊귀貴천賤

예禮별別존尊비卑

0321 **풍류 악**樂

0322 **다를 수**殊

0323 **귀할 귀**貴

0324 **천할 천**賤

풍류에는 귀와천을 달리하듯이

예절에도 높낮음이 다른법이니

0321 풍류 악

樂 / 楽 / 乐

이 '악'은 본디 새김은 '풍류 악'이지만

음악의 '악'으로 '즐거울 락'으로 새기며

'좋아할 요'로 새기기도 합니다.

우리가 알고 있는 번체자 악樂은

약자 楽과 간체자 乐을 쓰고 있습니다.

풍류 악樂楽乐. 춤, 노래, 음악, 악기, 아뢰다, 연주하다

즐거울 락樂楽乐. 즐기다, 즐거워하다, 편안하다

즐거움, 풍년

좋아할 요乐楽樂. 바라다, 좋아하다

내가 아는 원불교 교무님 중에

'풍류로 세상을 건지리라!'라는 표어를 내걸고

평생을 몸 바쳐 온 분이 있습니다.

서울 남산 기슭에 '남산예술원'을 세우고

우리의 옛 춤과 노래를 비롯하여

전통문화가 바람의 흐름 따라 흐르듯

교류의 장을 제공하였습니다.

누군가 내게 묻더군요.

"바람 풍風 흐를 류流, 풍류가 무엇입니까?"
내가 웃으며 답했습니다.
"바람 풍風 흐를 류流를 말씀하셨다면
바로 그 바람과 흐름이 풍류입니다."
풍류風流는 바람의 흐름이며 흐르는 바람이고
또한 바람이면서 흐름입니다.
세상에 정지된 바람은 없습니다.
정지된 것은 '바람' 이전의 것이기에
산소酸素며 질소窒素일 뿐 바람은 아닙니다.
바람이 흔들리느냐?
깃발이 흔들리느냐?
흔들리는 것은 바람도 깃발도 아닌
흔들린다고 바라보는 마음 그 자체다 라고 한
《법보단경法寶壇經》말씀은 유명하지요.
일명 《육조단경六祖壇經》으로도 일컬어지는
육조 후에이닝慧能의 어록 중 위의 말씀은
마음을 한 마디로 잘 그려내고 있습니다.
흔들리는 깃발을 바라보며
눈에 보이는 흔들리는 세계가 참일까.
흔들리는 사물을 흔들리게 하는
그 이면의 어떤 보이지 않는 세계가 참일까
아니면 그도 저도 아닌 또 다른 세계

느낌의 세계가 참일까 하는 것은
철학의 깊이를 더욱 깊게 하고 있습니다.
바람風은 흐르流는 것입니다.
이 바람의 흐름을 표현한 예술세계에는
정지된 공간 예술뿐만 아니라
흐르는 시간 예술이 있습니다.
미리 말씀드립니다만
억지로 말을 붙여 정지된 공간 예술이지
물리의 세계에서 '정지'란 있을 수 없습니다.
흐르는 시간 예술에서
대표적인 것은 노래歌와 춤舞이지요.
이 노래와 춤을 하나로 묶은 게 음악音樂이고
음악 중에서도 특히 악樂은
율동으로서의 춤사위를 표현한 말입니다.
그러니까 풍류라는 말 속에는
춤사위를 비롯한 몸짓이 우선이고
이 춤사위 몸짓이 예술로 승화되려면
거기에는 반드시 음악이 있어야 합니다.
노래와 춤은 무巫에서 시작되었지요.
하늘ー과 땅ー을 잇는 ㅣ 사람이
다름 아닌 무당巫입니다.
무당은 하늘과 땅의 대리자로서

뭇사람从으로 하여금
하늘의 도를 따르게从 하고
땅의 이치를 따르게 하는 자입니다.
악수귀천樂殊貴賤의 '악樂'을 보면
나무木로 제단을 만들고
제단 위에 흰 시루떡白을 올렸으며
흰 시루떡 양쪽으로 번幺을 늘어뜨렸는데
이는 당골의 제단을 표현한 것입니다.
제단이 마련되면 무당은 경을 읽고
무춤巫舞을 추고 애달픈 넋을 위로합니다.
본디 무巫와 무舞는 소릿값이 같은
장인匠人과 소재所材의 관계입니다.
즉 무巫라는 장인이 무舞를 소재로 하여
악樂을 통해 넋을 위로하는 의식이지요.
음악의 악은 망자亡者를 위함이고
망자보다 앞서 물신物神을 위함이고
물신보다 앞서 땅의 신을 위함이고
아울러 하늘에 제사함에서 온 것입니다.
콩즈孔子선생의《論語》에 따르면
천자天子는 팔일무八佾舞를 열 수 있고
제후는 육일무六佾舞를
대부는 사일무四佾舞를

악樂수殊귀貴천賤

선비는 이일무二佾舞를 열 수 있다고 합니다.

팔일무에서 이일무에 이르기까지

그들 춤에 따른 노래와 곡이 다 다릅니다.

음악에는 귀와 천을 달리하듯이

예절에도 높고 낮음 다른 법이니

라는 글을 보고 어느 분이 물어왔습니다.

"음악에도 귀천이 다르다고요?

세상에 그런 법도 다 있었습니까?"

그래서 내가 답을 했습니다

"그렇습니다. 귀천이 있었습니다.

이는 지금도 귀천과 높낮이가 있습니다."

지금도 귀천을 따라 음악을 달리한다면

당장 '시대착오'라고 할지도 모릅니다.

그러나 분명 지금도 귀천에 따라 음악이 다릅니다.

같은 대통령이라 하더라도 미국의 대통령이나

중국 국가주석을 영접하는 예우와

작은 나라 대통령을 영접하는 예우가 다르듯

열병식도 만찬도 국격에 따라 다릅니다.

당연히 춤과 노래가 곁들여진 음악과

공연도 달라질 수밖에 없습니다.

음악도 때로는 정치 문화에 이용되지요.

천자나 제국의 왕이라고 한다면

팔일무 연회를 열 수 있지만
공작 후작 백작 자작 남작처럼
제후의 위치에 있는 사람이
제왕이나 천자가 여는 열병식을 베풀고
팔일무 연회를 열 수는 없는 것입니다.
사실 팔일무라고 해 보았자
한 줄에 여덟 명씩 여덟 줄이니
겨우 예순네 명이 추는 군무群舞입니다.
인도 영화를 보다 보면
역시 춤과 노래 음악이 곁들여진 군무가
인도 영화의 특색이라고 할 수 있는데
64명이 아니라 몇백 명씩 춤을 추기도 합니다.
정말이지 인도 영화의 맛은
보컬들의 노래와 무희들의 춤일 것입니다.
영화를 영화답게 이끌어가는 것은
음악이 있기 때문에 가능한데
특히 인도 영화가 길고 지루하면서도
때로 부드럽게 넘어갈 수 있음은
바로 노래와 춤 때문입니다.
내가 좋아하는 음악가 중의 한 사람인
구스타프 말러Gustav Mahler(1860~1911)는
그의《교향곡 8번 내림 E장조》초연 당시

천 명이 넘는 연주자가 동원되어

〈천인교향곡〉이라는 이름이 붙었습니다.

내가 알기로 여태껏 우리나라에서는

천인교향곡을 천 명의 연주자가

한 홀에서 연주한 적은 없었습니다.

음악의 '악樂'이 무당에서

또는 제천祭天 의식의 춤에서 왔다면

음악의 '음音'은 춤과 어우러진 노래에서 왔습니다.

노래歌가 무엇입니까?

우리나라 발음 '가'의 모음이 'ㅏ'지요.

하품欠하듯 입을 크게 벌리고

'ㄱ ~ ㅏ 哥'하고 길게 뽑노라면

소리曰는 어느새 입체적高이 될 것입니다.

따라서 가수나 성악가가 노래함이 '음音'이고

여러 가지 악기의 연주와 함께

노래와 춤이 곁들여짐이 '악樂'입니다.

나는 이를 풍류風流라고 표현한

옛사람들의 생각을 존중하는 편입니다.

영어의 elegance, taste, refinement도 있지만

흐르는 춤사위에서 바람을 느끼고

함께 곁들인 음악에서 흐름을 느꼈던

옛사람들의 정취를 존중하고 싶습니다.

음악에는 귀와 천을 달리하지만
감상하는 데 있어서는 귀천이 없습니다.

0322 다를 수

죽을 사歹 변에 붉을 주朱 자를 썼는데
죽을 사歹가 의미값이고
붉을 주朱zhu가 소릿값입니다.
물론 수殊의 소릿값은 수shu지만
모음이 같기 때문에 소릿값으로 보고 있습니다.
죽는다死는 것은 따지고 보면
어느 날一 저녁夕의 변화ヒ입니다.
그래서 '밤새 안녕'이란 말이 나온 것이지요.
소릿값 주朱에도 의미는 들어 있습니다.
붉음朱은 아직未 잎이 피기ノ 전입니다.
붉음朱은 꽃의 상징이고
초록의 잎이 아직未은 피기ノ 전이지만
붉은 꽃이 초록 잎새로 달라지는 것은
시간 문제란 뜻에서 다를 수殊가 생겼습니다.

0323 귀할 귀

貴

귀할 귀貴 자는 귀할 귀賢 자와 같습니다.

귀할 귀賢 자를 파자하면

재물貝에 이끌려가려는 사람人을

두 손臼으로 누르고 있는 모습이고

귀할 귀貴 자를 파자하면

재물貝 위一에 있어서는 중용中인 사람

그가 곧 소중한 사람이란 뜻입니다.

이 귀할 귀貴 자는 초월자가 아닙니다.

재물에 대해 결코 무관심한 자가 아니라

애써 재물을 멀리하려고 하지도 않고

또한 가까이하지도 않는 중용의 인물입니다.

처음에는 귀할 귀賢 자에서처럼

애써 짓누르는 강제성이 필요하지만

나중에 마음을 조복하고 나면

저절로 중용의 귀貴한 사람이 될 것입니다.

0324 천할 천

賤

귀할 귀貴의 상대적 개념으로

천하다 천박하다는 뜻을 갖고 있습니다.

재물 패貝가 의미값이고 작을 잔戔이 소릿값입니다.

잔은 두 자루의 창戈이 겹친 모양으로

재물貝을 놓고 서로 다툼戔입니다.

잔戔을 '잔' 또는 '전' '천'으로 발음하는데

모두 창 끝이 서로 부딪치는 데서 온

의성어依聲語일 뿐입니다.

귀貴가 값비싼 것인데 비해

천賤은 값싼 싸구려 제품이거나

또는 가치가 떨어질 때 쓰는 말이지요.

중국어에서 '꿰이gui貴'는 '비싸다'로 쓰이며

너무 비쌀 때 '타이꿰이taigui太貴'라고 합니다.

물론 반대로 값이 싸다고 할 때는

꿰이貴의 반댓말 '지앤jian賤'보다는

'비앤이bianyi便宜'라는 말을 즐겨 씁니다.

이 글을 접하는 분들에게 구스타프 말러의 대표작

《교향곡 8번 내림 E장조》〈천인교향곡〉을
한 번 감상해 보시길 권합니다.
여러분이야말로 천자天子요 천손天孫이며
고귀한 성품을 지닌 까닭입니다.

<082>

악樂수殊귀貴천賤

예禮별別존尊비卑

0325 **예도 예禮**

0326 **다를 별別**

0327 **높을 존尊**

0328 **낮을 비卑**

풍류에는 귀와천을 달리하듯이

예절에도 높낮음이 다른법이니

0325 예도 예

禮

인류의 위대한 스승 콩즈孔子 말씀으로
"예가 아니면 보지 말고非禮勿視
예가 아니면 듣지 말며非禮勿聽
예가 아니면 말하지 말고非禮勿言
예가 아니면 행동하지 말라非禮勿動"는
시대를 뛰어넘는 삶의 지침입니다.
그런데 문제는 예가 무엇이냐는 것입니다.
우리가 일상생활에서 예禮로서
에티켓etiquette이란 말은 많이 씁니다.
이 밖에도 '매너manner'를 비롯하여
정중, 공손의 뜻으로 civility가 있고
예의 우대 호의의 뜻으로 courtesy가 있으며
바름, 단정함의 뜻으로 propriety가 있고
예의범절의 뜻으로politeness가 있습니다.
상식적으로 예를 갖춘다는 데는
아랫사람이 윗사람에게 갖추는 것으로
그렇게만 알고 있습니다만

윗사람이 아랫사람에게 갖추어야 할
매너와 위의와 품격도 있게 마련입니다.
서민이 사대부에게
사대부가 제후에게
제후가 국왕에게 갖출 예의가 있다면
국왕이 제후에게 사대부에게
서민들에게 지녀야 할 예우와
마음가짐과 품격도 반드시 있습니다.
이를 다른 말로 얘기하면
사원이 사장/회장에게 갖출 예의도 있지만
회장/사장도 직원들에게 갖출
매너manners도 반드시 필요합니다.
을이 갑에게 충실하기를 요하기에 앞서
갑도 을에게 인격을 존중하는
아름다운 모범을 보이는 것이 예입니다.
예절에도 높낮이尊卑가 있다는 말은
바로 이러한 에티켓을 두고 한 말씀입니다.
우리 기성세대들은 곧잘 얘기합니다.
"요즘 아이들은 통 예의라는 게 없어!
어른들을 만나도 인사할 줄 모른다니까!"
물론 젊은 세대들 소위 쥬니어들이
어르신들 지적처럼 예의를 모를 수 있습니다.

그러나 이는 일부의 예일 뿐

젊은이들 전체를 평가절하할 수는 없지요.

그러기 전에 어르신들 스스로

"나는 젊은이들에게 어떤 존재인가?

나는 젊은이들을 인격과 사랑으로

멋진 매너와 넓은 아량으로 대했는가?"를

되짚어 물어볼 필요가 있지 않을까요.

예절은 예도禮度는 서로 지켜야합니다.

콩즈孔子인가 나폴레옹인가 얘기했다지요.

임금은 임금답게

신하는 신하답게

부모는 부모답게

자녀는 자녀답게

스승은 스승답게

제자는 제자답게

남편은 남편답게

아내는 아내답게.....

이 '답다'가 곧 예절이고 매너입니다.

자칭 유학자儒學者라는 30대 젊은이가

상투는 틀었으나 갓은 쓰지 않고

말끔하게 깎은 턱을 파르라니 드러낸 채

하얀 무명 두루마기를 펄럭이며

우리절로 나를 찾아왔습니다.

수인사도 오가지 않은 상태에서 대뜸 물었습니다.

"우리 유교는 예를 숭상합니다.

그런데 불교에는 예가 없지요?"

내가 웃으며 답을 했습니다.

"거사님의 배를 타고 호수를 건너며

물이 어디 있느냐며 묻고 있습니다그려."

그가 되물었습니다.

"앵? 스님. 그게 무슨 말씀이신지?"

"내가 말씀드린 그대로입니다."

"그대로라고요?"

"호수에 배를 띄우고 물을 찾듯

예로 꽉 찬 불법 문중에서 예를 찾으시니."

"불교가 예로 꽉 차 있다니요?

삼봉 정도전 선생이 《佛氏雜辨》에서

불교는 유교와 달리 예가 없다 하셨는데……"

내가 되받았습니다.

"그 친구가 뭘 잘못 안 것이지요."

그가 파르르 떨며 소리를 질렀습니다.

"스님, 삼봉이요, 삼봉 정도전 선생입니다.

어떻게 그분에게 그 친구라니요?

조선의 개국공신 삼봉 선생입니다."

"그가 조선의 개국공신이고

조선의 정치철학을 세운 사람임은

나도 잘 알고 있습니다.

단 불교에 대해 무지하면서

혼자 다 아는 척한 게 문제라면 문제지."

내가 젊은이를 다독거린 뒤

조근조근 이야기를 풀어갔습니다.

불교는 스님네가 되기 위해

행자생활을 거친 뒤 사미십계를 받고

십중대계 사십팔경계의 보살계를 받습니다.

그 뒤 자격이 갖추어지면 구족계를 받지요.

비구는 250계를 받고 비구니는 348계를 받습니다.

계율이 무엇입니까?

예절의 조목입니다.

스승님과 어른 스님들을 모시고

도반들과 탁마하며 수행하는 데 필요한

온갖 습의산림習儀山林과 율의律儀 따위가

다 예를 가리키는 과정이고 법도입니다.

유교에 《禮記》가 있다고 하면

불교에는 《四分律》을 비롯하여

수십 수백 권의 율장律藏들이 있습니다.

고대 유교 경전 오경五經 중 《禮記》는

제1편《曲禮上》에서 시작하여

제49편《喪服四制》에 이르기까지

제31편에《中庸》과

제42편에《大學》을 포함하여

모두 49편으로 되어있습니다

불교의 많은 율장 중《四分律》60권에 비해

양이 매우 적은 편이기는 하나

이를 많고 적음으로 비교할 수는 없습니다.

왜냐하면 유교의 예는 유교대로

불교의 예는 불교대로 특색이 있기 때문입니다.

내 얘기가 끝나자 젊은이가

느닷없이 큰절을 하는 것이었습니다.

"큰스님, 무례를 용서해 주십시오."

내가 오히려 당황해하며 말렸습니다.

"용서라니? 당치 않아요."

"아닙니다 큰스님.

제가 많은 스님들과 예에 관해 얘기했지만

시원한 답을 듣지 못했습니다

특히 삼봉 선생의《佛氏雜辨》에 대해

비판을 가한 분은 큰스님이 처음입니다."

예禮는 보일 시示 변에 쓰고 있습니다.

보일 시示 와 연관된 글자는

어느 것이나 다 신神과 관련이 있습니다.

신神자 자체도 보일 시示 변에 썼지요.

따라서 예禮란 인간이 신神에게

하늘에 제사祭祀하는 데서 비롯됩니다.

제사祭祀도 모두 보일 시示 변이네요.

그러면서 아랫사람이 윗사람에게

신분이 낮은 사람이 신분이 높은 사람에게

젊은이가 어르신들에게

어린 제자가 덕 높은 스승에게

갖추는 격식이 예절이 되었습니다.

제사를 치를 때는 제사示 음식이 풍부豊해야 합니다.

신神들은 배가 부를 때 감응하니까요.

무당이 굿을 하고

절에서 천도재를 지내고

또는 칠칠재七七齋(49재)를 지내고

수륙대재 영산재를 지낼 때도

진설한 음식이 풍부해야 합니다.

어떤 분들은 이렇게 묻기도 합니다.

제사祭祀와 재齋는 다른 것이냐고요.

약간 다르기는 하지만

제사는 조상과 신과 하늘에 지내는 것이고

재는 불보살에게 지내는 게 다릅니다.

그러나 제祭와 재齋는 다르면서도 같은 게 있습니다.

제사는 다 아는 것이니 생략합니다만

재는 몸과 마음을 깨끗하게 하고

재는 혼을 위로함에서 끝나지 않고

삶과 죽음의 세계를 벗게 함입니다.

재는 재를 올리는 이의

업장을 녹이는 수행의식이기도 합니다

재는 중생을 부처의 경지로 끌어올려

부처와 가지런하게齊 하는 의식인 동시에

재를 닦는 자도 함께 가지런해지는 것입니다.

그런데 제祭와 마찬가지로

재齋에도 가지런함齊과 함께

보일 시示가 아래에 들어있다는 것입니다.

이는 형식은 같고 내용이 다름이지요.

0326 다를 별

別

다를 별別이 다를 수殊와 다른 것은

별別은 억지 刂로 갈라놓는 이별이고

수殊는 자연歹적으로 이루어지는 별리입니다.

수는 죽음歹이라는 자연현상이고

별은 칼刂로 짐짓 갈라놓음이니까요.

그러나 지금은 거의 같이 쓰입니다.

尊

술잔酋을 손寸으로 받쳐든다는 뜻에서

높이다 존경하다의 의미를 지닙니다.

아프리카나 남미의 추장酋長들이

평소에 들고 있는 지물持物이

댐뱃대 아니면 술병이거나 술잔이지요.

이는 한문 문화권이 아닌데도 불구하고

비슷한 문화를 갖고 있음을 알 수 있습니다.

추장 추/우두머리 추酋 자의 상징이

다름 아닌 술잔酋이라는 데서

인류 문화의 동질성을 느낄 수 있습니다.

고대사회로 올라갈수록

인류는 발효식품 중 취하는 것을 좋아했지요.

이를 술잔에 담아 마셨는데

이 잔의 표시가 술그릇 준尊 자입니다.

모양에 따라 희준犧尊, 상준象尊, 저준箸尊

호준壺尊, 대준大尊 등이 있었습니다.

卑

고대 중국인들은 왼손을 천히 여겼습니다.

지금도 우귀좌천右貴左賤 문화가

전혀 없어진 것은 아니나 예전 같지는 않지요.

구멍丶 뚫린 갑옷甲을 들고 있는데

왼쪽丿 손十으로 들고 있다 하여

천하다 낮다고 생각한 것입니다.

어떻게 왼쪽이냐고요?

파임丶이 오른쪽으로 뻗어갔다면

삐침丿은 왼쪽으로 뻗어나갔으니까요.

중생들이 불보살에게 예를 다하면

불보살은 중생들에게 어떤 예로서 대할까요.

인간이 신에게 정중하게 예를 갖추면

신은, 하늘은 인간에게 어떻게 하겠습니까.

아랫사람이 윗사람에게 예를 갖춤은

기록에 나온 대로 하면 되지만

윗사람이 아랫사람에게 예를 다하려면

어떤 모습이면 온전하다 하겠습니까.

인간이 하늘에 예로써 제사하듯이
하늘도 인간에게 예로써 답해야 합니다.
그렇습니다.
부모가 자녀를 사랑하듯
선생님이 제자를 사랑으로 가르치고
불보살이 중생들을 구렁에서 건져내고
신이 인간을 불구덩이에 쳐넣는 게 아니라
끝까지 사랑으로 이끌어 줌이 예입니다.
어디, 신의 예를 기다려보자고요.

예를별別조尊비卑

<083>

상上화和하下목睦
부夫창唱부婦수隨

0329 **윗 상上**

0330 **고루 화和**

0331 **아래 하下**

0332 **화목 목睦**

위아래가 화목함에 음악이있고
부창부수 끌고밀되 예절이있네

0329 윗 상

上

0331 아래 하

下

위와 아래는 어떻게 구분하며

그 기준基準standard이 무엇일까요.

위치 에너지potential energy가 정해진 뒤

운동 에너지kinetic energy를 드러내듯

위아래는 물론이려니와

동서남북 방위에 대한 인지도

결국 기준이 있어야만 할 것입니다.

한문문화권에서는 위아래를 설정할 때

점點pinpoint과 선線line을 중심으로 합니다.

점과 점을 연결하여 선을 그은 뒤

선 위를 분명 위ㅗ라 표현하고

선 아래를 아래ㅜ라 표기하고 있습니다.

그렇다면 선이란 무엇일까요.

이는 지평선地平線horizon일 수도 있고

수평선水平線일 수도 있습니다.

그러나 중요한 것은

보는 자의 마음의 기준선일 것입니다.

위로 오르든 아래로 내리든

시각적으로 인지하기 위해서는

부피가 있기 마련입니다

질량을 갖고 있는 것은

부피와 무게와 수량을 갖고 있습니다.

아무리 작은 점도

부피와 무게와 수량을 지니듯

선도 면面도 마찬가지입니다.

그래서 윗 상⊥ 자의 꼿을 곤ㅣ 자에

점丶 하나를 덧붙여 점 복ㅏ 자로 만들었고

이것이 요즘 쓰고 있는 윗 상上 자입니다.

그리고 아래 하丅 자의 꼿을 곤ㅣ 자에도

점丶 하나를 덧붙여 점 복ㅏ 자로 만들어

요즘의 아래 하下 자로 표기했습니다.

꼿을 곤ㅣ과 점 복ㅏ 자의 차이는

단순히 세로라는 시간에

가로라는 공간이 곁들여진 것입니다.

기본은 호라이존, 곧 지평선이지만

기준이 무엇이냐에 따라 위 아래가 달라지지요.

빗금/ 왼쪽이 윗 상上의 뜻이라면

빗금/ 오른쪽은 아래 하下의 뜻입니다.

어디 한 번 보실까요

위, 윗/아래

앞/뒤, 끝

꼭대기/물체의 아래나 아래쪽

옛날/미래

이전/이후

임금/신하, 아랫사람

군주/내각

성조聲調의 하나 상성上聲/하성下聲 대신 거성去聲

높다/낮다

높이다/낮추다

올리다/내리다

드리다/하사하다

오르다/내려가다

탈것을 타다/탈것에서 내리다

나이 많은 사람/나이 적은 사람

상급/하급

우등/열등

남을 높이다/자기를 낮추다

뛰어나다/못하다

살리다/없애다, 제거하다

처음/마지막

0330 고루 화

화할 화/고루 화和 자는

입 구口 부수에 벼 화禾 자를 더한 자입니다.

입口 안에 낱알禾이 들어가면

마음이 포근하고 아늑해지지요.

배가 고플 대로 고파지면 어찌 되겠습니까?

당연히 짜증 나고 사나워질 것입니다.

굶주린 사자는 먹이를 놓고 다투지만

이미 배가 부른 사자는

비록 먹잇감이 앞에 있다고 하더라도

거들떠보지도 않는다고 합니다.

생명이 유지되기 위해서는

배를 채워 영양을 공급해주어야 합니다.

따라서 배가 부르고 난 뒤

마음이 평화로워진다고 하는 것은

선현의 가르침이기에 앞서 자연의 이치입니다.

종교가 가르치지 않더라도

몸이 알아서 그에 맞게 대치합니다.

화和 자에 들어있는 뜻을 살펴보면

서로 뜻이 맞아 사이좋은 상태 외에도

평화롭다, 화목하다, 순하다, 화해하다, 같다, 서로 응하다

합치다, 허가하다, 모이다, 화답하다, 양념하다

악기의 일종, 합계, 일본의 다른 이름 등으로 쓰입니다.

0332 화목 목

睦

화목할 목睦 자는 눈 목目 부수입니다.

총13획으로 된 글자인데

눈 목目이 눈의 상형문자가 되려면

이 '목目' 자를 옆으로 90° 눕혀 놓아야 합니다.

옆으로 눕혀 놓으면 무슨 글자가 되나요.

그물 망罒자가 됩니다.

그물이란 눈의 그물罒입니다.

요즘은 어딜 가나 폐쇄회로 TV가 있습니다.

자동차에도 블랙박스가 설치되어 있는데

이게 곧 전자의 힘을 빌린 눈의 그물罒입니다.

화목함에 있어서 첫째 할 일은

눈에 들어있는 힘을 빼는 일입니다.

눈에 힘이 들어가 있으면 어떻겠습니까.

화목의 뜻이 없다고 보아야겠지요.

화목할 목睦 자는 언덕 륙坴 자가 붙어있는데

이 '륙'자가 소릿값입니다.

분명 한글 새김이 화목할 '목'이라면

같은 발음의 눈 목目 이 소릿값이어야 하지요.

그런데 눈 목目 자는 의미값이고

언덕 륙坴 자가 곧 소리값입니다.

이처럼 예상을 깨는 일들이

언어의 세계에서는 종종 있습니다.

참고로 '언덕 륙/육'이 소릿값으로 든

글자들을 보면 다음과 같습니다

언덕 륙/육坴, 눈 륙/육淕, 하늘에서 내리는 눈䨐

뭍 륙/육陸陆, 합할 륙/육勎, 올벼 륙/육稑,

엉긴못 륙/육淕, 들거위 륙/육鵱,

물고기 이름 륙/육鯥, 여자의 이름 륙/육嫪

뛸 륙/육踛, 굴대 륙/육輍 자 등이 있습니다.

여기 재미있는 게 있습니다.

이들이 '륙/육'으로 발음하게 된 것은

여섯 륙/육六 자에서 기인합니다.

언덕 륙/육坴 자에 육六 자가 들어있지요.

또한 고기 육肉 자에도 육六이 들어있고

이 고기 육宍 자에도 육六이 있으며

기를 육育 지에도 육六이 있습니다.

따라서 화목할 목睦 자에도

육六 자가 들어있다고 한다면

소릿값이 목目에 들어있지 않고

육坴에 들어있어야 상식常識인데

이 화목할 목睦 자는 발음은 '목'이면서도

소릿값은 오히려 '육坴'에 들어있습니다.

그만큼 '화목和睦'이라는 단어에서는

그냥 소릿값만 갖고 있는 언덕坴보다

의미값을 지니는 눈目이 중요한 것입니다.

눈에서 힘을 뺀 부드럽고 편안함이

서로를 밀쳐내는 배척이 아니라

서로를 끌어당기는 조화로 가는 까닭입니다.

둘 이상의 사람이, 둘 이상의 생명체가

화목할和睦하다목睦

둘 이상의 물질이, 빛깔이, 소리가
그리고 냄새가, 맛이, 생각이
서로를 끌어당겨 화학반응을 일으키되
밀침이 아닌 조화를 이룸을 화목이라 합니다.
조화, 화합, 화목를 이루기 위해서는
무엇보다 먼저 눈의 힘을 빼라고 했지요?
윗사람이 아랫사람을 사랑하고
아랫사람이 윗사람을 공경하며
부모가 자식을 사랑하고
자식이 부모에게 효도하며
강한 자와 약한 자 있는 자와 없는 자가
자신이 가진 장점을 서로에게 나눌 때
우리는 이를 화목이라 얘기할 것입니다.
우불회 격월 정기행사 템플투어로
순천 송광사를 다녀왔습니다.
승보종찰僧寶宗刹인 순천 송광사
화합, 화목이라 풀이되는 승가僧伽의 위상
송광사를 다녀오는 내내 줄곧
나는 상화하목上和下睦을 생각했습니다
상화하목上和下睦
"윗사람은 늘 화和를 염두에 두고
아랫사람은 언제나 목睦을 생각하라."

이를 반대로 풀이해도 좋습니다.

상목하화上睦下和

'윗사람은 덮어놓고 눈에 힘만 주지 말고

아랫사람은 무조건 피킷만 들지 말라.'고요.

<084>

상上화和하下목睦
부夫창唱부婦수隨

0333 **지아비 부夫**

0334 **부를 창唱**

0335 **지어미 부婦**

0336 **따를 수隨**

위아래가 화목함에 음악이있고
부창부수 끌고밀되 예절이있네

夫

중국 통안창차同安常察Tonganchangcha(?~961) 선사는
〈십현담十玄談〉이라는 유명한 선시를 남겼습니다.

참고로 십현담 시목詩目을 보면

[심인心印] 第一

[조의祖意] 第二

[현기玄機] 第三

[진이塵異] 第四

[연교演教] 第五

[달본達本] 第六

[환원還源] 第七

[회기廻機] 第八

[전위轉位] 第九

[일색一色] 第十으로 되어 있습니다.

이 가운데 [진이塵異] 第四를 우선 한 번 감상해 보실까요.

이 [진이塵異] 제4에 '장부丈夫'가 나옵니다.

탁자자탁청자청濁者自濁淸者淸

보리번뇌등공평菩提煩惱等空平

수언변벽무인감誰言卞璧無人鑒

아도이주도처정我道驪珠到處晶

만법민시전체현萬法泯時全體現

삼승분별강안명三乘分別強安名

장부개유충천지丈夫皆有衝天志

막향여래행처행莫向如來行處行

흐린 자 절로 흐리고 맑은 자 절로 맑으니

보리와 번뇌가 허공처럼 평등하도다

누가 변화씨 벽옥을 감정할 자 없다 했는가

불도의 이주驪珠는 어디서나 수정이로다

온갖 법이 없어질 때 전체가 드러나건만

삼승으로 분별하여 억지 이름을 붙였어라

장부에게는 다 하늘을 찌를 뜻이 있나니

여래께서 가신 곳을 향하여 가지 말지니라

나는 1975년 음력 시월 보름날

해인사에서 사미십계沙彌十戒를 받고

곧바로 해인승가대학 사미과에 입학했습니다.

첫 교재가 《치문경훈緇門警訓》이었는데

한문을 접하지 않은 수행자들에게는

난자難字를 찾다 볼 일을 다 본다 하여

'난자경難字經'이라 불리고는 했습니다.

어려서부터 나름대로 한문을 익힌 까닭에

나는 그다지 어려움을 느끼지 않았지만

많은 스님들이 《치문》에서 주저앉았지요.

바로 이 《치문》의 첫 페이지를 열면

지관智冠 큰스님의 서문이 모습을 드러냅니다.

지금은 잘 기억이 나지 않는데

그 서문에 통안창차선사의 선시가 나옵니다.

바로 [진이塵異] 제4의

장부자유충천지丈夫自有衝天志

불향여래행처행不向如來行處行이라는 마지막 두 줄입니다

큰스님 서문에서는 인용 문헌을 들지 않아

당시까지는 다들 지관 큰스님 선게禪偈로 알고 있습니다.

게다가 '다 개皆'자를 '스스로 자自'자로

'말 막莫'자를 '아닐 불不'자로 바꿔 놓았는데

어쩌면 지금까지도 많은 후학들은

지관 큰스님 선게로 잘못 알고 있을 것입니다.

나는 서문 전체 내용은 알쏭달쏭하지만

마지막 두 줄 송은 정확히 생각납니다.

그리고 인용한 문헌을 밝히지는 않으셨으나

이 글이 나의 삶에 길잡이가 된 것은

부정할 수 없는 사실입니다.

'장부에게는 스스로 하늘을 찌를 뜻이 있나니

여래가 가신 곳을 향해 가지 않더라도 좋다'
라는 글이 얼마나 멋있었는지
나는 만 40여 년 전 그 옛날에도
두 주먹을 불끈 쥐고 '앗싸!'를 지르곤 했습니다.
끝에 '좋다是也'라고 했습니다만
이 글은 통안창차 선사의 선시에는 없고
지관 큰스님께서 통안의 시를 이끌어오면서
게송 뒤에 덧붙인 말씀이지요.
나는 '시야是也'를 '좋다'라고 옮겼지만
문법상으로는 '옳다'로 풀이하는 것이 맞습니다.
장부라면 하늘을 찌를 의지가 있어야 하고
여래께서 가신 길만을 고집하지 않겠다는
어떤 엄청난 기개가 있어야 할 것입니다.
이를테면 살불살조殺佛殺祖의 정신이겠지요.

부처님의 경계도 뛰어넘고
조사들의 세계에도 얽매이지 않을 때
진정한 자기 본면목을 보게 될 것입니다.
살불살조를 해석하면서
'부처를 죽이고 조사를 죽인다'고 하는데
이를 잘못 이해하면 불교를 망칩니다.
'불조도 뛰어넘어야 하는데
하물며 세간의 명리名利이겠는가'로

해석해야만 하는 대목입니다.

부처도 죽이고 조사도 죽일 정도라면

세간의 그 어떤 욕락과 번뇌이겠습니까.

그러므로 출가수행자는

어떠한 부처님에게도 얽매이지 않고

천하종사 제대조사에게도 끌려가지 않듯

자신의 허명虛名에 이끌리지 않아야

바야흐로 수행자라 할 것입니다.

하물며 주지 자리를 비롯하여

종단의 내로라는 벼슬자리이겠습니까.

장부 부夫는 '지아비 부夫'라고도 새깁니다.

두 팔 두 다리를 힘껏 벌리고大

다 큰 성인으로 상투를 틀었기에

큰 대大 자 위에 한 일一 자를 얹은 것입니다.

그리고 적어도 대장부夫라면

하늘天을 뚫는 기백이 있어야 합니다.

통안창차 선사의 선게禪偈 딱 어울리는데

그래서 하늘 천天 자 위로 솟아오른 게

다름아닌 장부 부夫 자라고 합니다.

지아비 부夫 자에 담긴 의미는

지아비 외에 남편男便, 사내, 장정, 노동일을 하는 남자

남자 일꾼, 군인, 병정, 부역負役, 선생, 스승

삼인칭 대명사 저, 100이랑畝의 밭, 대체로 보아서
발어사發語辭 대저, 감탄사 ~도다 ~구나
많다, 다스리다 따위입니다.

0334 부를 창

唱

입 구口 부수에 창성할 창昌 자를 붙였지요.
부수가 뜻이고 창昌은 소릿값입니다.
입에는 여러 가지 기능이 있습니다.
먹는 기능, 마시는 기능, 토하는 기능, 말하는 기능
노래하는 기능, 침묵하는 기능, 숨 쉬는 기능
웃는 기능과 우는 기능, 염불하는 기능, 기도하는 기능
사랑을 표현하는 기능 따위가 있습니다.
소릿값 창昌 자에도 뜻이 들어있는데
창昌은 밝음日과 함께
분명한 자기 표현 이야기曰가 있지요.
'가라사대'로 표현되는 '왈曰'자는
입 속에 넣고 우물거림이 아니라

상대가 분명히 들을 수 있도록

발음이 분명하고 소리가 큰 게 특징입니다.

입속에서 우물거리거나

누구도 알아들을 수 없는 말이라면

'가라사대曰'에 들어가지 않는 까닭에

책임을 지지 않아도 됩니다.

그러나 한 번 온전하게 입 밖으로 나온 말은

말한 사람이 책임을 져야 하지요.

'이실직고以實直告'에서 고할 고告 자가

바로 이 가라사대曰에 해당합니다.

남편이 아내를 부를 때

아내가 알아들을 수 없는 말이라면

아내는 따르지 않아도 됩니다.

다른 말로는 부창부수婦唱夫隨입니다.

곧 아내가 부르면 남편도 달려가는 것입니다.

어찌하여 부창부수夫唱婦隨를

부창부수婦唱夫隨로 함부로 바꾸고

부부의 문화까지도 마구 바꾸느냐고요.

구태여 바꾸면 안 될 이유라도 있습니까.

이때도 위에서와 마찬가지로

아내의 부름이 만일 명확하지 않다면

남편은 따르지 않고 대답하지 않더라도

아무런 문제가 없습니다.
창唱의 뜻은 분명한 의사 전달과 함께
상대가 알아들을 수 있는 발음과
소리의 크기를 갖고 있어야 하니까요.

0335 지어미 부

婦 / 女ㅋ

계집 녀女 부수에 빗자루 추帚 자입니다.
예로부터 동양의 한문 문화권에서
아내는 집안을 가꾸는 사람이었습니다.
이는 빗자루帚를 든 여인女을
지어미, 며느리, 아내, 여자라 했고
예쁘다, 정숙하다 따위 좋은 뜻도 있지만
심지어 암컷의 뜻으로 부婦를 쓰기도 했습니다.
여인女은 시집媤을 가면
그날부터 손扌에 빗자루帚를 들고
집안을 쓸고掃 닦는 사람이었습니다.
친정에 있을 때는 나름대로 자유로웠지만

시집媤이란 여성女들에게 있어서는

자신女은 물론 가족들에 대해

다시 생각思하지 않으면 안 되는 곳입니다.

시댁媤宅의 어려움을 드러낸

매우 사실적인 '시집 시媤'자의 뜻이지요.

지금은 여성들의 지위가 많이 향상되어

남녀가 평등을 이루었다고 합니다

글쎄, 그럴지도 모릅니다

그럼에도 불구하고 내가 보기에는

아직까지는 전혀 아니라는 생각입니다.

우리나라만이 아니라

내가 52개월 머물렀던 동아프리카

인도양을 오른쪽 옆구리에 끼고 있는

아름다운 나라 탄자니아도

결코 그 나라 모든 여성들에게

남성들과 같은 지위는 주어지지 않았습니다.

바깥 일, 직장 일은 일대로 하고

퇴근하면 집안일도 모두 여성들 몫입니다.

빨래하고, 청소하고, 아이 돌보고, 음식을 준비하고

심지어 가축을 기르는 문제까지도

모두가 여성들 몫입니다.

직장을 갖고 있거나 말거나

夫唱婦隨부창부수

남자들은 집안일을 잘 하지 않습니다.

남자들에게 이유를 물었더니

집안일은 남자들 몫이 결코 아니랍니다.

스와힐리어語로 방房 집을 뭐라 하나요?

춤바chumba,

뷤바vyimba

춤비샤chumbisha,

줌바jumba

늄바nyumba,

쳉고chengo 등이지요.

그런데 연인, 사랑하는 사람, 약혼녀, 약혼자를

음춤바mchumba라고 합니다.

이는 우리가 부인을 집사람, 내자內子라 하고

안사람, 실인室人이라고도 하며

안에, 안해, 아내로 언어가 변하는데

결국 바깥이 아닌 안쪽 사람이란 뜻입니다.

스와힐리어에서도 늄바나 춤바 등이

모두 집이며 집사람의 뜻입니다.

바로 이러한 언어를 예로 들며

집안일은 남자들 몫이 아니라는 것입니다.

이처럼 동아프리카 탄자니아에서도

많은 여성들이 가사노동에 시달리고 있는데

그것을 하나의 전통문화로 받아들여
으레 당연하게 여긴다는 것입니다.
여성女들이 집안宀을 청소할 때
머리에 수건巾을 옆크으로 눌러 쓰고
앞치마巾apron를 허리에 두르고
빗자루帚를 손扌에 들어 청소掃하는 모습은
어쩌면 전 세계가 같을지도 모릅니다.

0336 따를 수

따르다는 앞서다의 상대적 개념입니다.
앞섬이 부지런함이라고 한다면
따름은 게으름의 뜻으로 풀이됩니다.
솔직히 선진국이 선진국으로서 앞서감과
개발도상국이 개발도상국이 된 데와
후진국이 후진국으로 따라가는 데는
다 그만 그만한 이유들이 있습니다.
생각의 전환이든

긍정적인 사고를 지녔든 부지런하든

잘사는 나라의 유형이 있고

폐쇄적이거나 게으르거나

매사에 부정적이거나 한 나라들은

실제 뒤따라가기도 바쁩니다.

이는 결코 누가 시킨 것이 아닙니다.

그 나라의 지도자들과 국민성이 원인입니다.

남편이 부르면 아내가 따른다夫唱婦隨

아내가 부르면 남편이 따른다婦唱夫隨

서로 부르고 서로 따르는 부부夫婦와 부부婦夫

참한 사랑이 있는 부부라면

부르는 자가 아내면 어떻고

진실이 새록새록 쌓여가는 사이라면

따르는 자가 남편이면 어떻습니까.

<085>

외外수受부傅훈訓
입入봉奉모母의儀

0337 **바깥 외外**

0338 **받을 수受**

0339 **스승 부傅**

0340 **가르칠 훈訓**

밖에서는 스승님의 가르침받고
들어오면 어머니의 삶을받들라

절에서는 경전을 독송할 때
본경에 앞서 읽는 전범이 있습니다.
우선 정구업진언淨口業眞言을 지송하여
평소 지어온 말의 탁한 업을 맑히고
이어 읽는 게 '오방내외안위제신진언'입니다.
여기서 오방내외五方內外라고 한다면
동서남북 중앙을 안팎으로 놓고 본 것인데
동서남북은 알겠고 중앙도 압니다.
그런데 이 동서남북 네 방위의 안팎을
어떻게 설정할 것이냐 함입니다.
앞에서도 언급했습니다만
위치 에너지가 먼저 설정이 되고 난 뒤
운동 에너지를 드러낼 수 있습니다.
문제는 위치 에너지의 설정입니다.
왜냐하면 운동 에너지만 운동하는 게 아니라
위치 에너지도 끊임없이 운동합니다.
부처님의 제행무상諸行無常의 법칙은
아인슈타인의 광속불변의 법칙과 같습니다.
광속은 299,792,458m/s로서
지금까지 100년 동안 변한 적이 없습니다.
제행무상은 2,600년이 넘었지만
이 원리 또한 한 번도 변하지 않았습니다.

이렇게 얘기하면 사람들은 얘기합니다.

부처님의 말씀은 종교의 교리일 뿐

그게 어떻게 물리학이냐고 반박하겠지만

부처님의 이 제행무상의 법칙은

제법무아諸法無我로 더불어

종교를 뛰어넘는 완벽한 물리학 법칙입니다.

이 세상 어느 공간 어느 시간도

그 시간과 공간을 점유하고 있는 어떤 것도

한 자리에 가만히 있는 게 없습니다.

단 하나라도 만일 정지되어 있다고 한다면

제행무상의 법칙에 어긋나기 때문입니다

불교의 교리가 다른 종교와 다른 점을

많은 학자들은 이렇게 얘기합니다.

"절대자를 안에서 찾느냐 밖에서 찾느냐?"

그러나 나는 감히 얘기합니다.

"그 말이 틀린 것은 아니나

불교가 다른 종교와 다른 점은

삼법인 중 제행무상 불변의 법칙"이라고요.

자, 다시 앞의 세계로 돌아갑니다.

동서남북 중앙을 설정하는 것도 어려운데

여기에 다시 안팎內外을 설정하는 것이

과연 쉬운 논리이냐는 것입니다.

오방내외에 존재하는 모든 신들을

안위安慰시키는 진언을 지송할 때마다

요즘도 마찬가지지만 나는 고개를 갸웃합니다.

안팎의 문제는 중요합니다.

외수부훈外受傅訓에서 밖外이란

가정이라는 울타리를 벗어난 공간입니다.

가정이란 아빠 엄마를 비롯하여

형제자매 할아버지 할머니 등

가족들이 함께 살아가는 공간이고

이 공간을 벗어난 곳이 다름 아닌 밖이지요.

아빠 엄마 할아버지 할머니도

아이들이 함께하는 집안을 벗어나면

그곳이 곧 밖입니다.

여기 《천자문》에서의 주인공은

일고여덟 살을 넘어서는 아이들입니다.

이 아이들이 밖에 나가면

가는 곳이 뻔하지 않겠는지요.

어린이집과 유치원은 이미 이수했을 테고

으레 초등학교가 되지 않겠습니까.

조선시대에도 예닐곱 살은

영재 아이라면 모르되 특수한 예고

보통은 일고여덟 살은 되어야

서당에 보내 글을 읽히게 했습니다.

그럼 오늘날의 어린이집이나

유치원에 해당하는 교육기관은 없었을까요.

왜 없었겠습니까?

예나 이제나 우리나라 엄마들의

자녀 교육에 들이는 공은 같았을 것입니다.

일고여덟 살에 서당에 보내는 것은

오늘날의 초등학교에 보내는 격이니

밖에 나간다는 표현을 썼을 것이고

그 옛날에도 사대부 집안에서는

선생을 집으로 불러 개인교습을 했습니다.

어린이집 유치원 등 교육기관이 없이

개인교습을 했을 것이고

그 전통은 지금까지 이어지는 것이지요.

정규교육이 시작될 나이에

남자아이라면 서당에 홀로 보냅니다.

바깥이란 건물 밖이 아니라

가정이라는 온상과 울타리를 벗어나

서당書堂 또는 서원書院이라는

열려있는 공교육기관을 일컫는 말입니다.

이 공교육기관에서는

학급學級Class에 따라

같은 교재를 놓고 함께 공부합니다.
오늘날 학교와 마찬가지로
서당은 글만 배우는 게 아니라
사람과 사람이 만나 서로를 알아가는
사회생활을 익히는 것이지요.
배움學이 대체로 글을 익힘이라면
익힘習은 사람과 사람 사람과 세상
세상과 세상 곧 사회를 배우는 것입니다.
콩즈의 말씀《論語》〈학이편學而篇〉
'학이시습지學而時習之'의 뜻이
'배우고 때로 익힌다'고 했는데
배움이 익힘의 왼발이라면
익힘은 배움의 오른발이라 할 것입니다.
배움과 익힘 익힘과 배움이
서로 조화를 이루며 앞으로 나아갈 때
배움과 익힘은 직조織組처럼 완성될 것입니다.

0337 바깥 외

外

예로부터 점은 새벽이나 아침에 치지
저녁夕에는 점卜을 치지 않았습니다.
새벽이나 아침에 치는 점은
일과를 시작하는 시간이 새벽이고
좀 늦게 일어난다 하더라도 아침이었기에
일어나 세안하고 단정히 앉아
가장 먼저 점을 친 것입니다.
오늘날은 탈것을 이용하여
등하교하고 출퇴근하고 하지만
옛날에는 탈것이 마땅하지 않았기에
웬만하면 다 걸어서 다닐 수밖에 없었지요.
가까운 거리야 별로 염려할 게 없지만
먼 길을 떠날 때는 두려움이 앞섰습니다.
그래서 점을 친다면
이른 새벽이거나 아침일 수밖에요.
나는 어릴 적 아버지로부터
점치는 모습을 엿보곤 했습니다.

외外수줄부倬훈뱀

산통算筒을 흔들어 산가지算木를 뽑은 뒤
손가락을 꼽으며 혼자 고개를 가로젓거나
혹은 고개를 끄덕이곤 하셨습니다.
나는 한 번도 여쭈어보지 않았지만
그렇게 산가지를 뽑으시는 날은
하루에서 며칠씩 집을 비우셨으니까요.
그럼 요즘은 점을 치지 않습니까.
먼 길을 떠나거나 멀리 여행을 하거나
며칠씩 집을 비우고 출장길에 오를 때
부처님 전에 기도를 올리곤 하지요.
사업기도 수험기도 인연기도처럼
출장기도 여행기도도 올립니다.
우리는 이런 의식을 정계에서 봅니다.
큰일을 앞두고 국립묘지를 찾아
선열들에게 분향하고 서명함입니다.
나라의 중책을 맡은 이들이
당선자 신분이 되면 찾는 곳이 국립묘지더군요.
참배하고 분향하고 서명하는 의식 속에
장도를 떠나며 산가지를 뽑던
옛날 어르신들의 모습이 오버랩되곤 합니다.
저녁夕에 치는 점卜은
삶에 있어서 아웃사이드外입니다.

그래서 외外 자가 들어간 것은
집 안쪽 일이 아니고 바깥일이며
친가로서의 정正이 아니고
한 치寸 건너인 종從의 품계가 됩니다.
밖, 바깥, 겉, 표면, 남, 다른 사람, 외국, 외가,
어머니의 친척, 아내의 친척
타향, 남의 집, 바깥채, 사랑, 앞, 이전, 언행
겉모습, 민간, 재야, 멀리함, 떠남, 빗나감, 벗어남
잊음, 망각, 사사로운 일이 아닌 공적인 일
집안일이 아닌 바깥일 등이 다 '외外'입니다.

0338 받을 수

십이연기十二緣起의 하나로
바깥 경계를 느낌의 체계로 받아들임이지요.
이 받을 수受 자를 자세히 보면
포장되고 덮인⌐ 그 무엇인가를
왼손爪과 오른손又이 함께 앞으로 나가

주고받는 모습을 그려낸 글자입니다.

나중에 손扌 이 하나 더 곁들여진

줄 수授 자가 따로 생기면서

수受는 다만 받는 것으로 독립되었습니다.

0339 스승 부

傅

스승, 선생님, 라오씨老師, 씨푸師傅, 수표check

증서certificate, 돌보다, 보좌하다, 가까이하다, 붙다

부착하다, 바르다, 칠하다, 끌어대다, 펴다, 말하다

나누다, 모함하다, 헐뜯다, 도달하다, 이르다

어떤 시간이나 장소에 닿다 따위입니다.

사람인변亻 이 부수며 뜻을 나타내고

펼 부尃 자가 소릿값입니다.

옛날에는 재상이나 제왕을 가리켰습니다.

또는 제후 아들의 스승을 가리켰는데

요즘은 선생님 교사 스승님이지요.

0340 가르칠 훈

訓

말씀 언言이 부수며 뜻이고
내 천川 자가 다름아닌 소릿값입니다.
우리 생각에 '천'과 '훈'은 발음이 다르므로
천川이 훈訓의 소릿값이 될 수 없으나
받침終聲이 'ㄴ'으로 나는 것은 같습니다.
중국어발음도 받침에 'n'이 들어 있지요.
추안川Chuan과 쒼訓Xun처럼 말입니다.
무엇인가를 가르친다는 것은
첫째 말言을 도구로 하며
둘째 물川이 흐르듯 자연스러워야 합니다.
물 수水 자는 고인 물도 포함하지만
내 천川 자는 오로지 흐르는 물의 뜻입니다.
따라서 가르침에는 자연스러움과 함께
말의 막힘이 없어야 합니다.
말을 더듬는다는 것은
완전하게 소화하지 못했다는 것입니다.
강연하거나 설교하고 설법할 때

138

외와수꽃부에훈訓

본디 어눌한 이가 아니라고 한다면
머뭇거리거나 더듬어서는 안 됩니다.
이는 가르칠 내용이 소화가 덜 된 상태지요.
'가르치다'는 '가리키다'와 다릅니다.
손가락으로 달을 가리키는 것은
어떤 사물을 지칭하는 것에서 끝나지만
가르침은 눈에 보이지 않는
기능과 함께 마음의 느낌까지
상대에게 제대로 전달해야 하는 것입니다.
따라서 자기 것으로 온전하게 소화하지 않고
이를 남에게 가르칠 수는 없습니다.

외外수행修行불佛경經

<086>

외外수受부傅훈訓

입入봉奉모母의儀

0341 들 입入

0342 받들 봉奉

0343 어미 모母

0344 거동 의儀

밖에서는 스승님의 가르침받고

집에들면 어머니의 삶을받들라

0341 들 입

밖 외外 자의 대구는 안 내內 자고
들 입入 자의 대구는 날 출出 자인데
저우씽쓰周興嗣 선생은《천자문》에서
내內 자 자리에 입入 자를 놓고
출出 자 자리에 외外 자를 놓았습니다.
같은 글자를 두 번 놓지 않고
뜻을 맞추려 하다 보니
어쩔 수 없는 한계입니다만
그러나 저우 선생의 문학적 소질은
아무리 곱씹어보아도 실로 대단합니다.
들 입入 자는 자체가 부수입니다.
갑골문자甲文에 의하면 들 입入 자는
사람 인人 자처럼 끝이 뾰족하게 솟아있고
소전小篆과 금석문자金文로 갈수록
솟아오른 윗부분이 더욱 길고 뾰족합니다.
다시 말해 주둥이가 뾰족하고
아랫배가 볼록한 도자기 꽃병입니다.

주둥이가 뾰족하면 담기는 어려워도

그 자체가 어디에 들어가기는 쉽겠지요.

그러다가 헝팡베이衡方碑Hengfangbei의

예서隸書로 점차 내려오면서

오늘날 들 입入 자처럼

뾰족한 곳이 왼쪽으로 살짝 꺾입니다.

그리고 왕씨지王羲之Wangxizhi의

행서行書에서도 예서와 격을 같이 합니다.

들어가는 주체가 사람이 되어감입니다.

들어가는 주체가 가령 사물이라면

끝이 뾰족하면 들어갈 곳에 잘 들어가겠지요.

마치 뾰족하고 날카로운 못이

박힐 나무에 더 잘 들어가듯 말입니다.

그런데 만일 주둥이가 좁은 항아리에

뭔가를 담으려고 한다면

다시 말해서 들어가는 것이 아니라

무엇인가를 받아들이는 것이라고 한다면

주둥이가 뾰족하면 뾰족할수록

받아들이기가 꽤나 어려울 것입니다.

이《千字文》에서 들고나는 주체는

사물이 아니고 사람입니다.

옛날 집들은 오두막집은 말할 것도 없고

비록 괜찮은 기와집이라 할지라도
오늘날의 주거에 비해 천장이 낮았습니다.
천장이 낮다면 문설주도 낮았겠지요.
내 어렸을 적 아버지가 지으신 귀틀집은
천장이 정말 낮았습니다.
여섯 자를 넘는 훤출한 키의 아버지가
늘 허리를 굽히고 방을 거니시는 것을 보며
어린 마음에도 안타까웠습니다.
7치 정도 굵기의 나무 한 개씩만 더 쌓았어도
편히 서서 다니실 수 있었을 텐데 하고요.
그래서 우리 귀틀집에 놀러오시는
동네 어르신들은 방문을 들어서면서부터
항상 머리를 숙여야 했습니다.
동네 어르신들이 한 마디씩 던지면
아버지의 대답은 언제나 한결같았습니다.
"사는 집에 대해 고마운 마음을 가지려면
허리를 굽히지 않으면 안 될 것 같아
그래서 이렇게 낮게 지었습니다. 허허허!"
어려서는 아버지의 그 말씀이
그리 쉽사리 이해가 되지 않았지만
지금에 와서는 비로소 고개를 끄덕입니다.
어딘가 들어가려면 빳빳한 고개가 아니라

정중히 고개를 숙이고 들어가라는 말씀

그래서 삶의 공간에 대해서도

고마운 마음을 늘 갖고 있어야 한다며

짐짓 천장을 낮추고 그에 비례하여

문틀은 더욱 낮고 작게 만드셨던 아버지

이미 오래전에 없어진 귀틀집이 오늘따라 그립습니다.

그래서 입入은 토담집이나 움막집

귀틀집처럼 작은 집에 들어가는 것입니다.

대궐같은 큰집에 들어가는 것을 내內라 하고

나중에 내가 만든 내 가족이라는 공동체

내가 설정한 마음이라는 공간

나의 세계에 남을 받아들이는 것을

납納이라 하게 되었습니다.

정확한 뜻은 입入과 내內는 들어감이고

납納은 들임, 또는 받아들임입니다.

0342 받들 봉

奉

누군가를 받드는 마음은

우선 자기를 비우지 않고는 불가능합니다.

사람은 누구나 자존自尊이 있습니다.

자존은 모든 생명이 지닌 본능本能입니다.

이 자존의 본능을 접고 남을 받들려면

마음을 예쁘게丰 가져야 하고

그 마음을 더욱 풍성丰하게 가져야 합니다.

무엇을 받드나요.

세三 가지 큼大을 받듭니다.

무엇 무엇이 큼일까요.

군주君와 스승師과 부모父입니다.

인륜에서 보았을 때 가장 큰 것이지요.

다른 종교는 접어두고 불교에서는

부처와 부처의 가르침과 스님네입니다.

이는 세 가지 귀중한 보석三寶이라 하여

중생들 복밭福田인 까닭입니다.

여기에 또 다른 큼이 있습니다.

이는 분명 하늘天과 땅地과 사람人입니다.

하늘과 땅과 사람이라는

이른바 삼재三才를 떠나서는

어디서도 소중함을 찾을 수 없는 까닭입니다.

나는 새로운 삼보新三寶를 제안합니다.

해日와 달月과 별들星辰입니다.

받들 봉奉의 세三 가지 큼大을

나는 시간과 공간과 물질로 보기도 합니다.

비록 하늘이 있고 땅이 있고 사람이 있더라도

해와 달과 별들이 나열해 있더라도

시간이 없고 공간이 없고

그 시공이라는 우주 속에 물질이라는

원소들이 없다고 가정해 본다면

그냥 정신이 아뜩하고 눈앞이 캄캄해집니다.

봉丰은 '예쁠 봉', '풍채 풍豐'이라고도 하는데

현대중국어에서는 풍豐의 간체자로

봉丰으로 표기하고 있습니다.

다시 말해 풍豐과 봉丰은 같은 글자로서

받듦奉에 아름다움과 넉넉함이

들어있지 않고는 불가능하다는 것을

이미 옛사람들은 알고 있었던 것이지요.

0343 어미 모

母

어머니母는 분명 여인이지만

계집 녀女 부수에 들어있지 않습니다.

특이하게도 말 무毋 부수입니다.

그러나 이는 상형문자로서

아이를 안고 있는 엄마女의 모습이며

아기에게 젖을 먹이는 모습이라고 합니다.

실제로 갑골문자와 금석문자에는

여인이 다소곳이 무릎을 꿇고 앉아

아기를 안고 있는 모습으로 그려졌습니다.

어미 모母 자에서 위아래 점을 빼고

45° 정도만 오른쪽으로 기울이면

이는 계집녀女 자로 변신하여 돌아갑니다.

이게 무엇을 의미하겠습니까.

어미母가 말 무毋 자에서 왔지만

실제로 뿌리줄기根幹는 여인女입니다.

다만 여인女은 여성의 대명사이고

어미母는 특수명사입니다.

147

지금은 미혼未婚의 시대가 아니라
비혼非婚의 시대라고들 하지요.
결혼을 아직 못한 게 아니라
처음부터 결혼을 하지 않는 것입니다.
그러다 보니 여인女은 있는데
엄마母가 되길 거부하는 경우가 많습니다.
딸이든 어린 여자아이든
또는 할머니든 여인은 어디든 있습니다.
그러나 아기에게 젖을 물리는 엄마는
결혼한 뒤 특별한 기간에만 주어지는
아름답고 성스러운 현상입니다.
그래서 여인女에게는 없는 젖이
엄마母에게는 있습니다.

그런데 엄마의 젖이 세로로 놓여있다고요?
모母 자를 90°로 돌려놓고 보십시오.
실제 갑골문자 등에는 엄마 젖이 가로로
양쪽으로 나란히 그려져 있습니다.
'엄마'는 순수한 우리말로 알고 있습니다.
그런데 이 '엄마'에서 '엄'은 우리말이고
'마'는 중국어 '마Ma妈'에서 왔습니다.
물론 우리말 '엄마'는 아기가 자라면서
처음으로 발성할 때 내는 소리입니다.

사람은 말을 할 때 벌린 입술은 다물거나
다문 입술을 열면서 끝을 냅니다.
엄마의 '엄'이 열린 입술에서
다문 입술로 전환하였다면
이 다문 입술이 열리면서 끝맺습니다.
그게 '엄' 뒤에 자연스레 열리는 소리
'마'가 될 것입니다.
이는 '아빠'도 마찬가지입니다.
'압'이 초성이라면 종성은 '빠'가 됩니다.
물론 '오빠'도 '옵빠'가 뿌리줄기지요.
그러나 이러한 우리말에도 불구하고
'엄마'의 '엄'은 순수 우리말이고
'엄마'의 '마'는 중국어에서 왔다는 생각을
나는 한 번도 떨쳐버린 적이 없습니다.
한글학자도 한문학자도 아니지만
나는 세상의 모든 언어에 관심이 많습니다.
왜냐하면 말은 문화의 갈래이기 때문입니다.
다섯 손가락의 이름을 살펴보면
엄지손가락
집게손가락
가운뎃손가락
넷째 손가락

새끼손가락으로 불립니다.

이 가운데 엄지손가락의 '엄'은

'엄마'의 '엄'에서 따온 말이라 보시면 됩니다.

0344 거동 의

儀

나는 거동 의儀 자를 보면

엉뚱한 생각이 자주 떠오르곤 합니다.

거동 의儀 자는 사람 인亻 부수에

품위 있는 행동의 뜻 의義로 되어 있습니다.

사람亻 으로서의 올바른義 행동입니다.

사람이 만든 천문학 기계가 있지요.

조선의 과학자 《장영실》을 보며

천문학 기계들에 대해 생각해 보았습니다.

인공지능artificial intelligence이었습니다.

위대한 조선의 성왕이었던 세종의 생각과

조선의 과학자 장영실의 아이디어가

한자리에서 만나 이루어내는 기계들이

내가 보기에는 '인공亻지능義'이었습니다.

동양에서 천문학 기계를 표현할 때

왜 거동 의儀 자를 붙였을까 생각했습니다.

간의間儀, 간의대臺를 비롯하여

천정의天頂儀, 시진의時辰儀

회전의回轉儀Gyroscope, 혼천의渾天儀

교식의交食儀, 태양의太陽儀Heliometer

측심의測深儀, 측거의測距儀

팔분의八分儀Octant, 육분의六分儀 등

그 밖의 많은 기계들이 나오는데

이들을 누가 만들었습니까?

밖에 나가서는 스승님의 가르침을 받고

집에 들어와서는 어머니의 거동을 받들어

배우고 익히고 익히고 또 배우는

어린이의 모습을 표현한 글입니다.

<087>

제諸고姑백伯숙叔

유猶자子비比아兒

0345 **모두 제**諸

0346 **할미 고**姑

0347 **맏이 백**伯

0348 **아재 숙**叔

고모이모 백부숙부 부모님형제

그들자녀 내아이에 견줄지니라

영어로 '시어머니'를 표기할 때

husband's side mother-in-law라 합니다.

wife's side로 바꾸면 장모님이고

mother를 father로 바꾸면

시아버지, 장인어른이 되겠지요.

시아버지, 시어머니, 장인어른, 장모님은

나를 낳고 기르신 부모님이 아니라

지아비男便를 낳아 기르고

아내를 낳아 기른 법적 부모님입니다.

우리는 법적in-law이란 표기 없이

처음부터 아버님 어머님 장인어른 장모님이라 하는데

그런 면에서 덜 딱딱해 보이기는 합니다.

영어 표기가 딱딱해 보이기는 하지만

직접적 호칭은 영어에서도 시댁 어른이시든

또는 장인어른 장모님이든 '아버님' '어머님'으로 부릅니다.

이런 영향을 받아서인지

우리나라 젊은이들은 결혼하기 전부터

며느릿감은 장래 시부모님에게

아버님 어머님이라 부름은 말할 것도 없고

사윗감도 장래 장인어른 장모님에게

아버님 어머님으로 부릅니다.

당연한 것이고 또 좋은 생각이지요.

젊은이들의 이런 현상을 두고
일부 가부장적 견해를 갖고 있는 분들은
젊은이들을 못마땅해 하기도 합니다.
아들을 둔 일부 어머니들도
더러는 비슷한 견해를 갖고 있습니다.
"에이그 못난 녀석, 장가도 들기 전
색시감 부모에게 아버님 어머님이라니."
누군가 내게 견해를 묻는다면
나는 어떤 답을 할 것 같은가요?
오늘의 주제는 '아빠' '엄마'라는
직계 가족 외의 친척들에 대한 얘기입니다.
고모 백부 숙부를 예로 들었는데
이들은 이 글의 주인공에게는

모두 삼촌三寸이 되는 이들입니다.
촌수로 따져 삼촌일 뿐이지
호칭은 고모 큰아버지 작은아버지입니다.

0345 모두 제

諸

한자어로 된 이름씨 앞에 쓰이며

'여럿' '모두'의 뜻을 나타내는 글자입니다.

나는 늘 얘기합니다.

"노인은 움직이는 철학자십니다."

왜냐하면 많은 시간을 살아오면서

삶의 철학을 다진 분이 노인인 까닭입니다.

2~30대 젊은이들이 대학에서 받은

박사 학위가 중요하지 않은 것은 아니지만

나이 드신 어른들의 삶의 경험과 깊이에는

도저히 미칠 수가 없습니다.

나이가 지긋한 어르신耂들은

삶에 있어서 누구보다 으뜸白이십니다.

이는 놈 자者 자가 지니고 있는 뜻이지요.

그리고 적어도 친한 젊은이들에게

'놈者'이나 '녀석漢'으로 부를늘 수 있는 이는

어르신들이 아니고는 쉽지 않습니다.

그런데 정말 그럴까요?

모두 제諸 자에 담긴 뜻을 파자하면
위에서처럼 풀이할 수 있지만
실제 요즘 어르신들은 잘 쓰지 않습니다.
아주 친한 사이라 여기더라도
지극히 일부이기는 하지만
이를 수긍하지 않는 젊은이들이 있으니까요.
따라서 무슨 봉변을 당할지 모르기에
'놈'이나 '녀석'이란 말을 잘 쓰지 않습니다.
모두 제諸 자의 파자가 그렇기는 하나
'여럿'이라고 하는 의미도 있듯이
각양각색各樣各色이지요.
각양각색에 담긴 뜻은 이미 알다시피
모양도 빛깔도 갖가지입니다.

갖가지 모양은 겉모습이기에
보이는 대로 쉽게 이해할 수 있습니다만
갖가지 빛깔은 해석을 달리할 수 있습니다.
빛깔은 외형의 빛깔을 뜻하기도 하고
사상과 이념을 표현하기 때문에
아무래도 조심스러울 수밖에 없습니다.
모두, 모든, 무릇, 여러, 기타, 다른, 만약 ~한다면
대명사 이, 저 따위와 맏이 이외의 자식들 지차之次
말 잘하다, 논평, 논의, 논쟁, 토론, 설득, 토의, 말다툼

반대하다, 저항하다, 심사, 숙고, 다양함 따위며

이름씨로는 김치, 장아찌, 절임과

양서류 중의 두꺼비 등이 있습니다.

어조사 ~에, ~에서 따위도 있는데

이름씨와 어조사일 경우 '저'로 발음합니다.

0346 할미 고

姑

보통 '할미 고'라고 새깁니다만

'시어머니 고' '고모 고'로 새기기도 합니다.

고모 시어머니 할머니 등의 뜻은

구태여 설명할 필요까지는 없겠지요?

우리말에 고모姑母를 비롯하여

시어머니媤母, 할머니祖母와

이모姨母, 숙모叔母, 계모繼母가 있습니다.

그리고 장모丈母, 빙모聘母 등에도

죄다 어미 모母 자가 들어가는데

한자로 표기한다면 고姑 자가 기본입니다.

참고로 말씀드리면

빙장聘丈이니 빙모聘母니 하는 호칭은

남의 장인어른 장모님에게 붙입니다.

마치 남의 아버지를 부를 때

춘부장椿府丈이라 하듯이 말입니다.

할미 고姑/고모 고姑/시어머니 고姑/시누이 고姑

장모 고姑/첩 고姑/여자 고姑/부녀자 고姑

아직 시집 안 간 아가씨 고姑 등이

모두 고姑 자를 바탕으로 하고 있습니다.

고姑 자는 계집 녀女 변에 옛 고古 자입니다.

계집 녀女 자가 부수이니 의미값이고

옛 고古 자가 소릿값에 해당합니다.

이 고姑 자에는 시어머니 고모 여자 부녀자

할머니 시집 안 간 처녀 등 외에도

'잠시 잠깐'과 '짧은 시간'을 비롯하여

'빨아먹다' 등의 뜻도 들어 있습니다.

0347 맏이 백

伯

'맏이 백' 외에 같은 뜻의 '맏 백伯'

'우두머리 패' '길 맥'으로 새기기도 합니다.

우두머리 패伯는 으레 발음이 '패'고

길 맥伯은 곧 '논밭 사잇길'을 의미합니다.

이때는 '논밭 사잇길 맥'이라 새기지요.

의미는 맏이 백伯/첫 백伯 남편 백伯/큰아버지 백伯

백작 백伯爵/일백 백伯/귀신 백伯/뛰어날 백伯

드러날 백伯/큰 백伯 따위가 있습니다.

맏이라는 말 속에는 다음 뜻이 있습니다.

맏이伯는 사람亻으로는 첫째白입니다.

사람亻으로서 첫째白는

해日보다 높은、사람으로 보았습니다.

하늘보다 높은 곳에 해가 있고

그 해日 높은 곳에 있다、고 하면

으레 존경받아 마땅한 것입니다.

임금王 중에서 맏이白가 누구입니까.

맏白 임금王, 곧 황제皇帝입니다.

따라서 황제는 곧 천자天子이고

천자는 다름 아닌 하늘天의 아들子이지요.

그런데 임금 황皇 자 위에 놓인 백白 자는

맏 백伯 자가 아니라 흰 백白 자라고요?

백伯은 사람亻 중 맏이白이지만

백白은 사람을 떠나 모든 것의 맏이입니다.

그러므로 황제요 천자는

하늘 아래에서는 모든 것의 최상입니다.

일반적으로 백伯은

같은 항렬일 경우 큰형, 큰오빠이고

아버지 항렬일 경우 첫 큰아버지입니다.

형제를 호칭할 때 백중숙계伯仲叔季라고 하지요.

같은 항렬일 경우 맏이를 백씨伯氏

제諸고姑백伯숙叔

둘째를 중씨仲氏, 셋째를 숙씨叔氏

막내를 계씨季氏라 일컫습니다.

아버지 형제의 경우에는

큰아버지를 백부伯父

둘째 큰아버지를 중부仲父

셋째 작은아버지를 숙부叔父

막내 작은아버지를 계부季父로

낱낱이 차등差等하여 부르고 있습니다.

叔

강원도 지방어(사투리)에서 '아재'는
아저씨의 낮춤말이기도 하지만
일반적으로 결혼 전 아저씨입니다.
곧 혼전에는 '아재' '아재비'라 부르다
결혼하면 곧 '아저씨'라 호칭이 바뀌지요.
아버지의 친형제는
큰아버지 작은아버지로서
결혼하기 전에는 그냥 삼촌입니다.
아버지의 형님이기는 하지만
아직 결혼하지 않았으니까요
아버지 형님인데 어떻게 삼촌이냐고요?
어머니의 오빠나 남동생을
모두 '외삼촌外叔'이라 부르듯
아버지 형님과 남동생을
모두 삼촌이라 불러도 무방합니다.
"아버지가 되어본 적이 전혀 없으신데
큰아버지라 부르면 우리는 괜찮지만

제諸고姑백伯숙叔

큰아버지께서는 좀 그렇지 않을까요?"

"듣고 보니 그렇기는 하네.

하지만 그냥 '아버지'도 아니고

큰아버지인데 그게 뭐 문제겠어?"

우리나라 호칭 중에서 가장 편한 게

다름 아닌 삼촌이고 이모입니다

아빠와 형 동생 하는 사이는 다 삼촌이고

엄마와 언니 동생하는 사이라면

나이를 떠나 모두 이모로 부르니까요

그런데 이런 호칭도 머잖아 사라질 것입니다.

나는 이미 앞에서

남편의 부모님인 시아버지 시어머니와

아내의 부모님인 장인어른 장모님을

영어의 기록 따라 법적 부모라 했습니다.

그래도 이는 법적으로 올라있으니

이름과 실제가 다 부모님이 맞습니다.

그러나 삼촌이니 이모니 하는 호칭은

법적 삼촌이나 법적 이모를 떠나

살아가면서 살갑게 오가는 정으로서의 호칭,

언어로서의 호칭만 남아있을 뿐

실제 삼촌, 실제 이모는 없어질 것입니다.

비혼非婚인구가 늘어나면서

아이 낳을 일이 없어지기도 하지만

결혼하더라도 하나밖에 낳지 않으니까요.

어쩌면 언어 사전

〈사라진 언어〉 편에

고어古語로 올라있을 수 있을 것입니다.

"아빠 옛날에는 고모가 있었다면서요?"

"으음! 고모라고? 그런 말도 있었니?"

"네, 아빠 인터넷에 고어로 되어 있던데요."

"인터넷? 인터넷이라니, 그런 말도 있었니?"

"네, 아빠. 아빤 그것도 모르셨어요?

인터넷Internet이라고 역시 옛날 말인데

오래 전에 유행했던 소통체계였나 봐요."

"~?!"

<088>

제諸고姑백伯숙叔

유猶자子비比아兒

0349 **같을 유猶**

0350 **아들 자子**

0351 **견줄 비比**

0352 **아이 아兒**

고모이모 백부숙부 부모님형제

그들자녀 내아이에 견줄지니라

0349 같을 유

猶

같을 유猶 자와 꾀 유猷 자는

우두머리 추, 추장 추酋 자를 사이에 두고

개 견犭 자가 왼쪽에 있으면 같을 유猶 자고

개 견犬 자가 오른쪽에 있으면 꾀 유猷 자지요.

나는 이 꾀 유猷, 같을 유猶 자를 앞에 두고

문득 양자역학quantum mechanics에서

'전자는 확률적으로 존재하다'는 설이 떠오릅니다.

추장酋長 옆에 함께 한 개犬는

왼쪽에 있는 것猶이 맞겠습니까?

아니면 오른쪽에 있는 것猷이 맞겠습니까?

왼쪽 개가 오른쪽으로 간 것일까요?

오른쪽 개가 왼쪽으로 간 것일까요?

어쩌면 추장은 왼쪽 개犭도 오른쪽 개犬도

본디 데리고 있지 않았을지도 모릅니다.

다만 관찰자에 따라 달리 보이는 것입니다.

어떤 사람의 눈에는 꾀獸로 나타나고

어떤 사람 눈에는 같음猶으로 나타날 것입니다.

저《금강경金剛經》〈법신비상분法身非相分〉에서처럼

모습이 아닌데 모습으로 나타나고

소리가 아닌데 소리로 들려오는

여래의 모습이고 여래의 소리일 것입니다.

여래는 소리도 모습도 아니고

다만 관찰자에 따라 모습으로도 나타나고

소리로도 들리는 불확정성입니다.

옛날 한문을 처음 만든 이들이

양자역학을 알고 글자를 만들었을까요

아니면 만든 자와는 아무런 상관 없이

나와 같은 관찰자에 의해

왼쪽에 있는가 하면 오른쪽에 나타나고

오른쪽에 있는가 하면 다시 왼쪽에 보이는

그런 확률적으로만 존재하는 것일까요.

만일 슈뢰딩거가 옆에 있었다면

아마 또 애매한 답변만을 늘어놓을 것입니다.

빗금 왼쪽은 같을 유猶 자에 담긴 뜻이고

빗금 오른쪽은 꾀 유猷 자에 실린 뜻입니다.

오히려/꾀

가히/모략

다만/계책

이미/벌레 이름

크게, 지나치게/길

~부터/법칙

그대로/도리

마땅히/공적

원숭이/탄식 소리

태연한 모습/아!

꾀하다/꾀하다

똑같다/같다

다시 짚어 정리한다면

유猶와 유猷가 개犭犬를 데리고 있는데

같을 유猶의 개犭는 개사슴이라 하여

늑대 이리 승냥이 들개처럼 포악하고 사나운 야생동물이고

꾀 유猷의 개犬는 아직은 어린 강아지입니다.

강아지는 야생이든 가축이든 귀엽습니다.

포악하거나 결코 사납지 않습니다.

하긴 사납다 하더라도 추장에게 길들여져 있으니까요

한국의 사찰은 대웅전보다 높은 곳에

산신각이 있고 그 산신각에 모셔진 산신은

언제나 곁에 호랑이를 데리고 있는데

이 유猶 자, 유猷 자에서

산신의 냄새가 풍겨지지 않습니까.

0350 아들 자

子

아들 자子 자는 체언體言에 붙어
말을 부드럽게 하고 확실하게 하는 접미어지만
따로 독립되어 쓰이기도 합니다.
우리나라에서는 딸의 이름을 지을 때
일제침략기의 문화를 받아들여
이름 끝자에 아들 자子 자를 많이 붙였습니다.
일본어 발음은 '꼬子'로 나는데
가령 '수자水子'일 경우 '미즈꼬'가 되고
'춘자春子'는 '하루꼬'로 불렸습니다.
남아선호 사상이 강한 일본처럼
우리도 아들을 얻고자 하는 바람 하나로
딸 이름에 아들 자子 자를 넣거나
또는 사내 남男 자를 붙이곤 했습니다.
그러나 사내 남男 자의 새김 발음은
'오' 나 '오토꼬'처럼 좀 무뚝뚝하기에
귀여운 발음 '꼬'를 택했다고 나는 생각합니다.
어쩌면 그래서일까?

168

유猶자子비比아兒

한때 이름에 아들 자子 자가 들어있는 여성들이

개명을 하려고 장사진을 치기도 했습니다.

언젠가 내가 이런 얘기를 하자

야무진 젊은이가 질문을 해 왔습니다.

"큰스님, 질문해도 되겠습니까?"

"어 그래, 어서 해 봐!"

"그럼 큰스님, 공자 맹자 노자 장자 등도

아들 자子 자를 성 뒤에 붙이고 있는데

이분들도 일본의 영향을 받은 까닭일까요?"

나는 야무진 젊은이의 질문을 받고는

우리 미래를 생각해보았습니다.

우리 속담에 "아는 길도 내비 찍고 가라"하고

"성수대교도 두드려보고 건너라" 하듯

무엇인가 야무지게 챙기려는 데서

밝은 미래가 보인 것입니다.

학문學問의 뜻이 무엇입니까.

배우고學 묻고問

묻고 그러면서 또 배우고

물음問을 배우고學

묻는問 법을 배우는學 게 학문 아닙니까.

내가 웃으면서 답했습니다.

"일본이 아마 중국의 영향을 받았을 걸!"

야무진 젊은이가 반격하며 물었습니다.

"아이고 큰스님, 그건 엉터리시지요?"

"엉터리라니? 아니야! 이 사람아."

"에이, 엉터리 맞으신데요~ 뭘!"

"아니야, 진짜라니까.

공자 맹자 노자 장자 묵자 한비자 등

고대 중국에 얼마나 위대한 인물들이 많았어.

그래서 위대한 사람 많이 낳으라고

일본 여성들에게 '꼬子'를 붙인 것이지"

내 표정이 하도 진지하니까

야무진 젊은이도 수긍하는 눈치였습니다.

아들 자子 자체가 부수며 상형문자입니다.

갑골문자甲文에 의하면

포대기에 싸인 아기를 본떴는데

머리, 몸, 두 팔, 두 발이 함께 나온 모습입니다.

십이지지十二地支 가운데 첫째에 해당하고

자子가 든 해를 쥐띠 해라 부르지요.

같은 아들 자 자가 있는데

요즘 아들 자子의 옛글자에 해당합니다.

여기서 중요한 얘기 하나 곁들입니다.

이는 적어도 기독교인들이라면

한 번쯤은 들어본 얘기가 될 터인데

이른바 '유자설猶子說'입니다.
곧 '그리스도 유자설基督猶子說'이오
지금은 이 학설이 이단시異端視되었지만
한때는 기독교 신학의 학설로
완벽하게 자리한 적도 있었습니다.
예수는 본래 인간일 뿐 신神이 아닙니다.
다만 신이 입양한 양자養子일 뿐입니다.
양자가 《千子文》의 유자猶子에 해당합니다.
이처럼 신의 양자였던 인간 예수가
성령聖靈에 의해 신의 아들이 된 것이지요.
유자猶子, 같을 유猶 아들 자子를 묶어
천자문에서는 하나의 단어로 쓰고 있는데
기본적으로는 양자養子adopted-Son입니다.
그러니까 비록 양자라 하더라도
내가 낳은 자식兒처럼 생각하라는 것이지요.
요즘은 낳은 정이니 기른 정이니 하며
입양한 자녀에 대해 얘기들이 많은데
이미 저우 선생은 그 옛날에 《천자문》에서
이 문제를 깊이있게 다루고 있습니다.
앞 글에 고모/부, 백부/모, 숙부/모가 나와서
조카들로 풀이하고는 있습니다만
나는 기독교의 양자설이 좋다고 생각합니다.

생질甥姪 이질姨姪을 포함하여 조카들은

생각보다 귀엽고 사랑스럽습니다.

왜냐하면 그들 부모가 있는 까닭이며

부담감이 전혀 없기 때문입니다.

만일 형제의 자녀를 양자로 들였다거나

또는 기관으로부터 입양했을 경우에는

육아와 교육을 함께 책임지고

재산의 상속과 분배까지 해야 할 것입니다.

그러니 중간에 부담감을 느끼거나

홀대할 수도 있지 않겠습니까.

2001년에 미국에서 개봉한 인공지능 영화

A.I.《Artificial Intelligence》에서는

양자에 대한 얘기를 심도있게 다루고 있습니다.

A.I를 양자로 들인 것도 책임을 지는데

하물며 세포로 이루어진 사람이겠습니까

이세돌과 알파고AlphaGo로 인하여

인공지능에 대한 관심이 높아지고 있습니다만

앞에서 언급했듯

조선조의 과학자 장영실과 세종대왕이 만든

천체관측기구儀들도 일부에서는

인공지능 기술을 도입하려 애썼습니다.

0351 비할 비

比

지금은 비할 비比 자가

오른쪽으로 나란히 바라보고 있지만

예전에는 그렇지 않았습니다.

두 사람이 정면을 향해 나란히 서서

다소곳이 서 있는 竝 모습이었지요.

이 견줄 비/비할 비竝 자는

왼쪽으로도 오른쪽으로도 향하게 했으나

언젠가 좇을 종從 자의 간체자인

좇을 종从 자에 영향을 받아

지금의 비할 비比 자로 바뀌어

오른쪽으로만 향하게 쓰여진 것입니다.

종从을 뒤집으면 비比가 되고

비比를 뒤집으면 종从이 됩니다.

같은 두 사람竝이 갈라지면서

오른쪽을 담당한 두 사람比이 되고

왼쪽을 담당한 두 사람从이 되었는데

지금은 따르다从와 견주다比로

그 역할을 나누어 맡게 된 것입니다.

兒

유자猶子가 양자요 조카라고 한다면
아이 아兒 자는 자기 아이입니다.
자기의 진짜 혈육이지요.
어진사람 인儿에 절구 구臼 자를 얹었는데
뒤뚱거리며 걷는儿 돌 지난 아기가
입을 벌리고 울었다 웃었다臼 하는 모습입니다.
그러니 얼마나 사랑스럽습니까.
입양한 아이猶子와 조카들을
내 속으로 낳아 기르는 내 아이처럼
아끼고 사랑하라는 저우씽쓰 선생의 말씀이
시대를 뛰어넘어 가슴을 파고 듭니다.
예수님을 양자로 삼은 하나님께서도
당신의 친아들처럼 부디 사랑하시길 ...

<089>

공孔회懷형兄제弟

동同기氣연連지枝

무엇보다 사랑할건 형제자매니

같은기운 이어받은 가지잎새라

앞의 내용이 숙질간叔姪間에 대한 것이었다면

이번 글은 형제간 곧 동기간에 대한 풀이입니다.

남편과 아내와의 관계

스승과 제자와의 관계

부모와 자녀와의 관계

삼촌과 조카들의 관계

양자와 혈육과의 관계

형제와 자매들의 관계

이를 나는 복잡계複雜系로 풀고 싶습니다.

요즘 새롭게 떠오르는 학문의 갈래

컴플렉시티 시스템complexity system,

이미 2,600여 년 전 부처님께서는

'화엄의 10가지 가물가물한 문華嚴十玄門'을 통해

현묘한 세계를 자세히 밝혀 놓으셨습니다.

내가 대승불교의 화엄십현문과

복잡계에 대한 통일장이론을 주장하자

한 젊은 불교학 교수가 물었습니다.

"어이쿠! 큰스님, 화엄십현문이 복잡계라고요?"

"그래요 교수. 내 생각은 분명 그래요."

젊은 교수가 바싹 다가앉았습니다.

이게 뭔 뚱딴지같은 소리냐는 생각과

또 다른 호기심 때문이기도 했을 것입니다.

공孔히懷형兄제弟

나는 젊은 불교학 교수에게 얘기했습니다.

완전한 질서만을 보이는 일도 없고

완전한 무질서만을 보이지도 않는 것

그러면서도 다양한 개체와

전체적 집단성이 한 데 조화를 이루는 게

다름 아닌 복잡계라고 한다면

완벽한 이론은 화엄십현문입니다.

소위 화엄십현문에서는

사람과 사람과의 관계만이 아닙니다.

사람과 다른 생명들과의 관계

생명 존재와 물질의 관계

물질과 공간의 관계

공간과 시간의 관계

시간과 생각의 관계

위치와 운동에너지의 관계를 다룹니다.

그리고 이들 사이에 존재하는 체계로서

하나하나의 낱낱 구성요소들과

낱낱 요소들의 집합적 통일성이

자기 자리를 잃지 않고 조화를 이룹니다.

자연과학, 사회과학 분야에서 다루는

물리학적 복잡계

경제학적 복잡계

생명현상으로서의 복잡계 따위가
화엄십현문에서 잘 드러나고 있습니다.
나는 더러 안타까움을 토로합니다.
막스플랑크가 화엄을 알았더라면
다체 문제 多體問題 many-body problem 연구에
이른바 물리적 세계만이 아니라
인간 심리까지 포함시켰을 텐데 하고요.
아인슈타인 박사가 〈십현문〉을 접했더라면
자연의 네 가지 힘四力을 하나로 묶는
통일장이론統一場理論을 완성했을 것입니다.
자연의 세계에서는 얽힘이 없습니다.
서울시내의 교통망이 복잡한 것은
세계적으로 이미 정평이 나 있습니다.
600제곱 킬로미터 안팎의 도시에
1천만 명이 넘는 시민이 살아가고 있고
유동인구까지 포함하면 1,200만 명입니다.
이런 엄청난 인구의 움직임을 소화하려면
교통망이 얼마나 복잡하겠습니까.
그러나 특별한 스트라이크가 없는 한
교통사고가 쉽게 일어나지는 않습니다.
첫째가 부주의이고
둘째가 양보가 없는 것이며

셋째가 졸음운전이고

넷째가 음주운전입니다.

다섯째는 고의성과 보복운전입니다.

여기에 노상분노路上忿怒가 한몫합니다.

노상분노는 운전대만 잡으면 튀어나오는

소위所謂 급한 성격Road rage입니다.

평소는 얌전한 사람이 운전석에 앉기만 하면

성격이 너무 급해지는 까닭에

천천히 가는 앞차를 견디지 못하고

뒤에서 빵빵대는 차를 견디지 못합니다.

혹은 끼어드는 것은 말할 것도 없이

여유있게 천천히 가다가도

옆차가 빨라지면 이 또한 용납하지 못합니다.

그래서 양보 없이 가속 페달을 밟다 보면

경쟁력이 높아지고 칠욕락七欲樂 중에

스피드speed욕欲으로 인하여

보복운전을 하고 큰 사고를 일으킵니다.

따지고 보면 실로 무서운 얘기지요.

참고로 '칠욕락'이란 불교의 '오욕락'에

내가 두 가지 욕락을 더한 것인데

스피드욕과 스포츠욕慾sport desire입니다.

아무리 복잡한 환경이라고 하더라도

인위적인 게 개입되지 않는다면
자연적으로 일어나는 사고는
결코 흔한 것이 아닙니다.
이것이 화엄십현문에서 설명되고 있습니다.
화엄십현문은 21세기 물리학계의 총아
복잡계를 뛰어넘는 위대한 가르침입니다.
다시 얘기합니다만
복잡계 물리학
복잡계 경제학
복잡계 생물학
복잡계 과학
복잡계 이론
복잡계의 도시 설계, 도시 건축,
복잡계의 도시 공간, 교통질서 따위와
심지어는 복잡계 네트워크에 이르기까지
이 모두가 '화엄십현문'에서는
아주 적나라하게 표현되고 있습니다.
규칙과 무질서 사이에 위치한 복잡계
거듭 말하지만 자연계에서는
실수란 잘 일어나지 않게 되어 있습니다.
화엄십현문 전체를 설명하려면
책을 수십 권을 쓰더라도 감당이 안 됩니다.

화엄십현문은 우선 목록만 가져오는데

만일 강의를 필요로 하면

언젠가 많은 시간을 허락하겠습니다.

화엄십현문華嚴十玄門

동시구족상응문同時具足相應門

일다상용부동문一多相容不同門

제법상즉자재문諸法相卽自在門

인다라망경계문因陀羅網境界門

미세상용안립문微細相容安立門

비밀은현구성문秘密隱顯俱成門

십세격법이성문十世隔法異成門

유심회전선성문唯心廻轉善成門

탁사현법생해문托事顯法生解門

0353 구멍 공

孔

아들 자子 부수에 숨을 은乚 자로 이루어진

다름 아닌 구멍 공孔이라는 자입니다.

회의문자로서 어린아이가

엄마 젖에서 젖을 빠는 모양乚 인데

이는 젖이 나오는 구멍을 뜻하는 말입니다.

젖이 나오는 구멍을 공孔 자로 표기하다니

그래도 그렇지 좀 너무 심했습니다.

이《千字文》에서는 구멍보다는

'매우' '심히' 라는 의미를 담고 있습니다.

구멍, 굴, 성씨의 하나孔子, 동전, 새 이름, 공작

비다, 공허하다, 깊다, 아름답다. 성대하다

통하다, 허무하다 따위입니다.

공孔회懷형兄제弟

0354 품을 회

懷

'품다'라는 움직씨로 잘 알려져 있습니다만
품다, 임신하다, 생각하다, 따르다, 싸다, 둘러싸다
위로하다, 달리다, 보내다, 보내어 위로하다의 뜻이 있고
길들이다, 따르게 하다, 편안하다, 이르다
어떤 장소나 시간에 닿다 따위입니다.
따라서 다다르다로 볼 수도 있고
가슴, 품, 풍만, 마음, 생각, 기분, 마음
심장 등을 표현하는 글자입니다.
품을 회懷는 부수가 심방변忄입니다.
회懷 자에 소릿값이 들어있는 게 특징입니다.
'품음'이란 마음忄이 없으면 안 됩니다.
그러나 마음忄이 있다고 하더라도
넓은 품衣이 아니고서는
제대로 품었다 할 수 없을 것입니다.
비록 마음이 있고 옷이 있어
사람을 품었다 하더라도
만에 하나 보살핌罒이 없다면
마음만으로 사람을 품을 수는 없습니다.
따라서 사람을 품는 마음은
반드시 경제적 뒷받침이 따라야 합니다.

형으로 새길 경우 형, 맏, 맏이, 나이 든 사람, 뛰어나다
친척 벗을 높여 부르는 말, 같다, 똑같다, 늘다
자라다, 붙다 따위가 있고
황으로 새길 경우 두려워하다, 멍하다, 민망하다
슬퍼하다, 하물며의 뜻이 있습니다.
알다시피 형은 가까운 사이입니다.
'형'이라는 호칭은 가까움이지요.
대개 '형'은 부르는 자보다 나이가 많은 쪽입니다.
혹 불리는 자의 나이가 적더라도
배우자의 형님, 형수, 누님이거나
또는 언니나 오빠, 올케일 경우에는
나이에 상관없이 보통 형님이라 부릅니다.
다시 말해 동서同婿는 나이와 상관없이
배우자의 위아래에 따릅니다.
우리 말에 뱃속에 할아버지 할머니가 있고
고모, 이모, 숙부가 있을 수는 있어도
형님은 없다는 말이 있습니다만
이처럼 나이 어린 형님이 있을 수 있습니다.

공孔의懊형兄제弟

그리고 절집안에서는 비구 수계 순서에 따르지요.

비구계를 받기 전에는 사미계 수계순인데

비구계/구족계를 갈래로 하여

예비승려와 승려가 구분되기 때문에

그때는 출가 연도와 상관없이

비구계 수계순에 따라 형과 아우가 갈립니다.

먼저 출가한 자가 사형이던 것이

순식간에 비구계를 먼저 받은 자가 사형이 되지요.

사미계를 받은 승납으로 좌차가 정해지지 않고

구족계를 누가 먼저 받았느냐에 따라

사형사제가 정해지는 것이 맞습니다.

좌차座次도 비구계 순으로 앉으니까요.

사미계 수계순을 승납이라 하고

비구계 수계순을 법납法臘이라 하는데

법납이 높은 자가 사형이 되는 것이 맞습니다.

그런데 진짜 법납은 무엇일까요?

정신세계의 높이에 따르는 게 어울리겠지요?

세간의 법은 육신을 중시하므로

육신의 나이에 따라 형제가 정해지지만

출세간의 법은 정신을 중시하므로

깨달은 경지의 높고 낮음에 따라

사형 사제가 바뀌고 정해짐이 맞다고 생각합니다.

弟

낮을 저低, 밑 저底의 소릿값이 '저'입니다.

'아우 제弟'의 소릿값이 '제'인데

이는 '낮을 저', '밑 저'와 같다 하여

아우를 '제'라고 부르게 된 것입니다.

손에는 활弓과 창ノ과 긴 막대기ㅣ를 들고

머리에는 장식ヽ을 하고 노는 아이를

나이 어린低/底 아우라 부릅니다.

중국어에서는 형제를 부를 때

씨옹띠兄弟xiongdi라고도 부르지만

우리와 달리 띠씨옹弟兄dixiong으로 부르고

쿤띠昆弟kundi

쿤지昆季kunji

통건同根tonggen

탕띠唐棣tangdi

바오씨옹띠胞兄弟baoxiongdi

친씨옹띠亲兄弟qinxiomgdi라 부릅니다.

바오씨옹띠, 친씨옹띠는 친형제이고

탕띠는 형제의 정이 맛깔스럽다는 비유이며

공자의 儒행경 兄제弟

쿤띠, 쿤지, 통건 따위는 문어체입니다.

가장 많이 쓰이는 호칭은

씨옹띠兄弟보다 띠씨옹弟兄입니다

불교에서는 불전 축원을 올릴 때

'제형숙백弟兄叔伯'이라 일컫습니다만

이는 중국의 문어체가 아닌

구어체에서 온 말이라 보면 좋을 것입니다.

화엄십현문의 법계연기에서 보거나

생명의 나무tree of life에서

복잡계의 생명현상에서 보더라도

형제의 정은 더없이 소중합니다.

만일 우리가 중국에 여행을 가거나

혹은 중국인을 만났을 때

콩후아이씨옹띠孔懷兄弟konghuaixiongdi를

한 마디 툭 던진다면 금세 친해질 것입니다

중국어에서는 형제 사이를 탕티唐棣, 棠棣tangdi 외에

써우주手足shouzu라고 합니다.

우리말로 풀어도 '손발'이고 수족이지요.

또 지에바이띠씨옹结拜弟兄jiebaidixiong

친뤼써우주亲如手足qinrushouzu는

얼마나 소중한 관계가 형제인지

잘 말해준다고 할 수 있습니다.

<090>

공孔회懷형兄제弟
동同기氣연連지枝

0357 **한가지 동**同

0358 **기운 기**氣气

0359 **이을 연**連连

0360 **가지 지**枝

무엇보다 사랑할건 형제자매니
같은기운 이어받은 가지잎새라

188

동同기氣연連지枝

소중한 인연이야기 同種善根說

이름얼굴 모르지만 한나라에 태어남은
일천겁에 한가지로 선근심은 인연이고
하룻동안 동행하며 희노애락 함께함은
이천겁에 한가지로 선근심은 인연일세

하룻밤을 꼬박새며 철야하는 관계속엔
삼천겁에 한가지로 선근심은 인연이고
한고을에 태어나서 동족으로 살아감은
사천겁에 한가지로 선근심은 인연이라

한마을에 태어나서 동고동락 하는관계
오천겁에 한가지로 선근심은 인연이고
하룻밤을 동침하며 스쳐가는 사이에도
육천겁에 한가지로 선근심은 인연이네

한집안에 태어나서 일가친척 되는것은
칠천겁에 한가지로 선근심은 인연이고
아내되고 남편되어 부부로서 사는것은
팔천겁에 한가지로 선근심은 인연이며

연리지連理枝

같은부모 슬하에서 형제자매 되는것은
구천겁에 한가지로 선근심은 인연이고
부모되고 자식되고 스승되고 제자됨은
일만겁에 한가지로 선근심은 인연일세
≪석문의범釋門儀範≫하권下卷173쪽
일원동봉一圓東峰 옮김

1겁劫의 길이가 얼마나 긴 시간일까요?
경전 말씀에 의하면 56억 7천만 년입니다.
여기서 10억 2천만 년을 줄이면
지구의 나이地球齡가 됩니다.
지금까지는 46억 5천만 년이 지구령이니까요.
경전설을 마음대로 뜯어고침은 잘못이지만
나는 시간의 많고 적음을 떠나
1겁은 곧 지구의 나이라고 얘기합니다.
46억 5천만 년은 긴 시간이 아니라
우주 나이에서 보면 아주 짧은 시간이라고요.
물론, 우주 나이에서 보면 짧은 시간입니다.
그러나 지구령이 그다지 짧은 게 아닙니다.
매일 손톱이 자라는 속도는 0.1mm이상입니다.
사람에 따라 연령에 따라 다르지만 연평균 4cm지요.
이를 46억 5천만 년으로 곱하면

동同기氣연연連지枝

와우! 자그마치 186억cm가 됩니다.

이를 다시 km로 환산하면 얼마일까요.

무려 186,000km이니 상당히 긴 길이이네요.

지구 둘레가 4만km이니 4바퀴 반이 넘습니다.

손톱이 자라는 속도로 느릿느릿 움직여

지구를 4바퀴 반 도는 시간이

지구령이고 이른바 1겁입니다.

지구를 돌아본 적이 없어 느낌이 없다고요?

서울에서 제주까지는 다녀 보셨습니까?

비행기로만 다녀 거리를 잘 모르겠다고요

그렇다고 서울에서 제주까지

자동차와 배를 번갈아 이용한다 했을 때

완벽한 직선 고속도로가 있을 수 없거니와

뱃길도 완벽한 직선이란 불가능합니다.

아무튼 직선거리가 무릇 465km입니다.

그런데 묘하게도 186,000km를

465km로 나누면 400이란 숫자가 됩니다.

이는 200번 왕복하는 거리가 되지요.

손톱이 자라는 속도로 달린다면

사람이 80년 동안 달린 거리가 3.2m입니다.

그렇게 서울 제주를 200번 오가려면

하도 많은 시간이라 계산을 접어버립니다.

그것도 불교설에 견주어 10억 2천만 년이나

확 줄인 게 이정도 많은 시간입니다.

동기간同氣間으로 이 땅에 태어난 것이

과연 얼마나 소중한 인연인지 아시겠습니까?

위에서 사언절로 옮긴 동종선근설에 따르면

태양계와 함께 지구가 생겨난 뒤로부터

지금까지 시간의 9,000배에 해당하는

많은 시간을 함께 선근善根을 심어왔기에

같은 부모님으로부터 같은 기운을 갖고 태어나

이렇게 인연을 맺고 사는 것입니다.

퉁치리앤쥐同氣連枝tongqilianzhi

같은 기운 이어받은 가지 잎새라

형제란 같은 기운을 이어받은 사이입니다.

퉁치지엔同氣間tongqijian이란 말은

씨옹띠지엔兄弟間xiongdijian만큼이나

오늘날 중국인들은 즐겨 씁니다.

형과 아우라고 했을 때 생기는 감정과

동기간이라 했을 때 느낌은 미묘한 차이가 있습니다.

우리는 동기간이라고도 하고

때로 형제, 형제간이라고도 하는데

형제라는 단어를 더 즐겨 쓰고 있습니다.

이는 구한말 일본침략기 때 받은

동기기同氣연지連枝

일본의 영향 때문이라고 보여집니다.
이미《千字文》에 형제라는 말이 나오는데
어떻게 일본의 영향이냐고요?
물론 '동기'라는 숙어와 마찬가지로
'형제'도 천자문에 분명히 올라 있습니다.
언어문화의 사용빈도에서 볼 때
일본은 동기보다는 '형제'를 많이 쓰고
식구보다는 가족을 많이 씁니다
가족보다 식구가 형제보다 동기가
더 뛰어난 용어라는 것은 결코 아닙니다.
언어문화가 그 나라의 삶의 질을
가름한다고 하는 것을 얘기할 뿐입니다.

0357 한가지 동

입 구口 부수에 총 6획으로 된 글자인데
한가지 동仝 자에서 왔다고 봅니다.
같은 뜻을 가진 글자로는

한 일一 자와 한가지 공共 자가 있고

반대 뜻을 가진 글자로는

다를 이異 자와 무리 등等 자가 있지요.

한가지 동同 자를 살펴보면

멀 경冂 한 일一 입 구口 자로 되어 있습니다.

이 뜻은 가까운 사람은 물론

아주 멀리 떨어져 있는 사람冂까지도

언어口가 일치一한다는 것입니다.

언어의 기능이 무엇입니까.

생각의 전달입니다.

멀리 있거나 또는 가까이 있거나

모든 사람들의 생각이 하나로 모이고

말과 행동이 일치하여 하나가 됨이

다름 아닌 한가지 동同 자의 뜻입니다.

0358 기운 기

기운 기氣는 기운기엄气 부수에 들어있고

그 안에 쌀 미米 자를 담고 있습니다.

상형문자의 하나로 갑골문자나 소전에 의하면

구름 기운이 뭉게뭉게 피어오르는 모양을

사실적으로 그려내고 있습니다.

구름이라는 것은 본디 수증기지요.

땅이나 바다가 태양열을 받아 따뜻해지면

습한 기온이 하늘 높이 상승하면서

수증기가 바람을 타고 올라 구름이 됩니다.

기운 기氣 자에 쌀 미米 자가 있다면

이는 밥 솥에서 피어오르는 김을 보고

기운 기氣 자를 만든 게 맞을 것입니다.

기氣를 줄여서 기气라고도 쓰는데

조선조에서는 이기론理氣論으로 발전하여

이理와 쌍벽을 이루는 주제로서

정신세계의 한 축을 담당하였습니다.

기는 형체를 갖지 않습니다

형체만 갖지 않을 뿐 물질입니다.

따라서 기는 형태를 떠난 정신세계이면서

때로는 물리의 세계에도 발을 뻗습니다.

왜냐하면 이 기운 기氣 자를 놓고 보면

탄수화물米의 기운이니까요.

분명 질량을 갖고 있는 물질인 까닭입니다.

오스트리아의 물리학자로서

수증기에서 원자설原子說을 주장하다가

기독교의 교리와 위배된다 하여

기성종교로부터 엄청난 핍박을 받아

끝내 자살의 길을 택한 볼츠만이 있습니다.

1844년 2월 20일 오스트리아 빈에서 태어나

1906년 9월 5일 이탈리아 두이노에서

62세로 세상을 떠났습니다.

빈 대학교 출신인 볼츠만은

그라츠 대학교, 빈 대학교, 뮌헨 대학교

라이프치히 대학교 등에서 있었는데

요제프 슈테판 교수의 지도를 받았습니다.

그러면서 리제 마이트너

파울 에렌페스트

필리프 프랑크

구스타프 헤르글로츠 등 제자를 배출했습니다.

특히 '볼츠만 상수常數'를 비롯하여

볼츠만 운송 방정식

볼츠만 분포

슈테판 볼츠만 법칙

H 정리 등 다양한 학문적 업적을 이루었지요.

그러면서 그는 수증기에서 원자를 얘기합니다.

요즘 이 수증기를 놓고

무無의 세계를 설명하는 스님이 있습니다.

우즈베키스탄에 한국불교를 전하는 스님

시대를 앞서가는 장한 선구자

'우토초조初祖' 조주 스님이 있습니다.

이 스님의 설을 듣노라면

그의 학문적 깊이에 쑤욱 빠져들곤 합니다.

수증기와 무無의 세계에 대해서는

내가 다 옮기지 못하므로

조주 스님으로부터 직접 들을 수 있는

기회를 마련해보시는 것도 좋을 듯싶습니다.

아무튼 루트비히 에두아르트 볼츠만이

수증기에서 원자를 발견했다면

아무리 기독교의 박해를 받았다 하더라도

그의 설은 분명 정설定說이 맞습니다.

수증기가 원자의 집합이라면 이는 물질입니다.

사실 볼츠만이 자살을 택하기 1년 전인

1905년 아인슈타인이 원자설을 발표합니다.

그런데 볼츠만은 아인슈타인의

위대한 세기적 논문을 접하지 못합니다.

요즘처럼 미디어가 발달하지 않았으니까요.

여기서 얘기하는 동기의 기氣는

볼츠만이 얘기한 수증기의 기와는 다릅니다.

어쩌면 저우씽쓰 선생이 말한 동기는

생명의 유전자 DNA가 맞을지 모릅니다.

형제자매란 같은 부모님 아래서

같은 DNA를 물려받았으므로

이는 같은 뿌리 같은 줄기 위에서 뻗어나간

나뭇가지와 같다고 보는 게 동기연지同氣連枝일 것입니다.

0359 이을 연/연할 연

동기同氣연지連枝

책받침辶이 부수部首인데

쉬엄쉬엄갈 착辵 자와 같은 글자입니다.

여기에 수레 거車/수레 차車 자를 얹었습니다.

요즘 거車와 차車를 놓고 고민하시지요?

사람이나 동물의 힘으로 가는 것을

수레 거車 자로 읽는다면 무리가 없습니다.

자전거 인력거를 비롯하여

대승경전《묘법연화경》에서 말씀한

양거羊車 녹거鹿車 우거牛車처럼요.

그렇다면 수레 차車로 읽을 답이 나왔습니다

원동력으로 가는 탈 것은 다 차車입니다.

내 짐작으로 장기將棋의 역사는

장기 알 중 초楚와 한漢에서 엿볼 수 있듯이

삼국지와 관련이 있을 것입니다.

그렇다면 2,000년이 넘는 역사를 지녔지요.

장기 이름에 포차包車가 있습니다.

나는 천학비재淺學非才이기는 하지만

포거包車라 발음하는 것을 보지 못했는데

이미 2,000년 전에 원동기가 개발되었을까요.

그 당시에 이미 화약이 발달해서

하늘로 대포를 쏘아올리고 했겠습니까.

장기에서 차車는 일직선으로 가되

걸리적거리는 것은 다 멸절시킵니다.

그리고 포包는 같은 포만 넘지 못할 뿐

코끼리 말 사병들이 있을 경우

날아서 그들을 넘어가 상대를 공격합니다.

어쩌면 바위를 쏘는 투석기가 아니라

화약을 터트려 포를 날리는 포였을 것입니다.

그런데 당시에 정말 포가 있었을까요.

그리고 거車가 아닌 차車가 있었을까요.

枝

나무 목木 부수에 지支가 소릿값입니다.
연지는 굵은 줄기가 있고
나뭇가지가 서로 이어져 있음입니다.
이는 형제자매가 한 뿌리에서 나온
나뭇가지와 같다는 비유로 볼 수 있습니다.
나는 동기연지同氣連枝를 접할 때면
앞서 든 복잡계複雜系와 함께
생명의 나무Tree of Life를 생각합니다.
그리고 상관없는 연리지連理枝를 떠올립니다.

<091>

교交우友투投분分

절切마磨잠箴규規

0361 **사귈 교交**

0362 **벗 우友**

0363 **던질 투投**

0364 **나눌 분分**

교우함에 분수따라 의기투합해

절차탁마 끌고밀며 바르게가라

본디 사귈 교逛 자에서 온 글자인데

지금은 책받침辶이 떨어져나간

이런 사귈 교爻 자로 쓰이고 있습니다.

물론 책받침 있는 교逛 자도 아직 있습니다.

돼지해머리 두亠 자 부수에

여덟 팔八 깎을 예乂 자를 쓰고 있는데

부수 이름 돼지해머리 두亠 자는

돼지 해亥 자 머리에 놓인 글자라 하여

거기서 생겨난 글자 찾기 부수입니다.

여덟 팔八 자는 중국인들이 선호하는 글자로서

양쪽으로 퍼져나간 모양 때문입니다.

게다가 필발머리癶와도 비슷하고

발음도 필 발發 자와 좀 엇비슷합니다.

중국어로는 여덟 팔八은 '빠ba'로 발음하는데

발發은 '파fa'로 읽어 약간 차이가 있습니다.

그리고 아래 깎을 예乂 자는

전지剪枝 가위Pruning Shears 꼴이라

교交우友트投분分

단정하게 매무새를 가다듬는 의미입니다

또 깎을 예乂 자는

종아리가 교차한 모습으로

서로 얽혀있음을 드러내고 있습니다.

사귐이란 일방통행이 아니지요

언제 어디서나 반드시 양방통행입니다.

왼쪽이나 오른쪽ㅡ으로

윗쪽이나 아랫쪽ㅣ으로만이 아니라

왼쪽 대각선丿으로 오르내리고

오른쪽 대각선乀으로 오르내림은

입체적 기하학Geometry의 세계입니다.

사귐이란 일방적이 아니라 했는데

이는 오고 가는 것만이 아니라

오르고 내림만도 아닙니다.

교류라고 함은 공간적 교차만이 아니라

시간적 교차가 어우러져 있고

마음과 예절과 문화와 예술이 교차하고

이 교차는 수직 수평만이 아니라

입체적으로 이어지는 무한의 교류입니다.

교爻에는 바로 이런 뜻이 들어 있지요

이 사귈 교爻 자는

두ㅗ 자 팔八 자 예乂 자의 파자풀이 외에

여섯 육六에 깎을 예乂로 풀기도 하고
돼지해머리 두亠에 아비 부父로도 풉니다.
육六과 예乂의 만남에서 본다면
동서남북 위 아래에 걸쳐 교차爻乂하는
컴플렉시티 시스템Complexity System
곧 복잡계로 설명할 수도 있지만
오히려 화엄의 육상원융六相圓融 연기로서
다양하게 풀어나갈 수도 있습니다.
그리고 두亠와 부父의 만남에서 본다면
아버지 부父 자에서 엿보이듯
아버지는 늘 도끼斧를 들고 사냥을 하고
희생물Victim로 돼지머리亠를 마련하지요
하늘과 토지신과 조상에게 제사하면서
가족들의 안녕과 평화를 위해
신과 인간의 교류를 꾀하고는 했습니다.
여기서 이 사귈 교爻 자가 생겨난 것입니다.
사귈 교爻 자에는 사귀다, 교제하다, 오가다, 주고받다
바꾸다, 인접하다, 서로 맞대다, 엇갈리다, 맡기다, 넘기다
건네다, 내다, 제출하다, 섞이다, 교차하다, 짝짓기하다
교배하다, 되다, 도래하다
임무가 끝난 뒤 보고하다 따위가 있습니다.
그리고 교제, 우정, 벗, 친구, 동무, 무역, 거래, 흥정

서로, 상호, 호상(문화어), 곤두박질, 공중제비, 옷깃
일제히, 동시에 함께 따위가 있습니다.
그리고 이 사귈 교交 자에서
씹을 교, 새소리 교咬, 묶을 교, 목맬 교絞, 학교 교校
비교할 교較/挍, 들 교郊, 달빛 교皎/晈, 교활할 교狡
상어 교鮫/鱎, 경단 교餃, 발회목 교跤/骹, 예쁠 교姣
가위 교鉸, 해오라기 교鵁, 깨물 교齩, 아교 교胶
성 이름 교硣, 질나발 교垓, 잠방이 교袗, 만날 교迒
땅 이름 교峧, 쾌할 교恔, 태울 교烄, 옥 산통 교珓
희게 물들인 모양 교纐, 꼴 교芚 등으로 퍼져나갔습니다.

0362 벗 우

벗 우友 자는 또 우又 부수의 총4획입니다.
비슷한 또래로서 서로 사귀는 사람을
우리는 보통 벗이라 부릅니다.
요즘은 벗이란 말보다 '친구'를 많이 씁니다.
친구는 친할 친親에 옛 구舊자를 쓰는데

옛 구舊 대신 오랠 구久 자를 쓰기도 합니다.

같은 뜻을 가진 이들이 한 데 모인 것을

동아리라 하는데 '벗들'이라 볼 수 있습니다.

동지同志라 하여 뜻을 같이 하고

진로를 함께하는 정치인들의 모임인

정당을 이야기하기도 합니다.

벗하다, 사귀다, 우애가 있다, 사랑하다, 가까이하다, 돕다

순종하다, 따르다, 짝짓다 따위의 뜻을 갖고 있습니다.

한문에서는 앞에 벗 붕朋 자를 붙여

구어체로 '붕우朋友'라 합니다.

펑여우朋友pengyou를 즐겨 쓰는 중국인들은

우리나라의 '친구' 개념보다

영어의 '친구friend' 개념에 가깝습니다.

영어에서는 동반자, 동행의 뜻으로

컴패니언companion을 쓰기도 하는데

학교 친구, 고향 친구와 달리

같은 직장에서 동고동락하는 관계를

일컫는다고 보면 좋을 것입니다.

벗 붕朋 자와 벗 우友 자는

처음부터 발생 갈래가 달랐습니다.

같은 부족 같은 고향 사람을 붕朋이라 하고

정치적으로, 그리고 사회적으로

직장에서 만난 사람을 우友라 했습니다.

어렸을 때부터 저녁月이면 달月과 어울려

함께 지새며 자란 사이가 붕朋이고

고향을 떠나 삶의 현장에서 만나

행동과 언어와 마음을 서로左右 나누며

가까이 지내온 사이가 우友입니다.

지금은 하나로 묶어서 벗朋友이 되었지요.

벗 우友 자는 벗 우叕 자에서 왔습니다.

아래 또 우又 자는 오른손이고

위의 또 우又 자는 왼손입니다.

이것이 나중에 벗 우友 자가 되었는데요.

위의 또 우又 자를 45° 옆으로 눕히면서

아래 입 구口 자를 놓아 오를 우右를 만들고

장인 공工 자를 놓아 왼 좌左로 만들었습니다.

또 우又를 그대로 두어 벗 우友로 만들고

달 월月을 놓아 있을 유有 자로 만들었습니다.

벗 우友/叕 자는 위 우又 자 아래 우又 자에

모두 교차乂의 뜻을 드러내고 있습니다.

서로 사귀면 벗이고, 마음이 서로 통하면 벗이고

이익을 함께 나누는 이가 곧 벗입니다.

投

재방변扌 부수에 몽둥이 수殳 자를 쓰는데
'손으로 몽둥이를 들어 매질하다'의 뜻입니다.
'매질하다'가 나중에 '던지다'로 바뀌는데
이는 손으로 집어던진다는 것이지요.
일반적으로 '던지다'로 '투'라 발음합니다만
머무르다 멈추다의 뜻일 경우에는
'투'를 '두'로 읽고 '두'로 발음해야 합니다.
던지다, 뛰어들다, 편이 되다, 가담하다, 서로 잘 맞다
합치다, 의탁하다, 의지하다, 주다, 보내다, 받아들이다
임하다, 떨치다, 어떤 장소에 이르다, 닿다, 버리다
'투호投壺' 등의 뜻이 있습니다
씨 아이 투 아이see eye to eye
견해가 온전히 일치할 때 쓰는 표현입니다.
동아프리카 탄자니아에 머물 때입니다.
현지인들 생각과 내 생각이 일치할 때
나를 덥썩 끌어안으며 하던 말이
'씨 아이 투 아이'입니다.

교: 交우 友토 土두 投분 分

그럴 때마다 우리는 최상의 친구라며

아이들처럼 들뛰고 좋아했습니다.

인간의 손은 독특합니다.

지구상에는 많은 생명들이 살고 있지만

손을 갖고 있는 생명은 사람뿐입니다.

사귈 교交 자에는 종아리가 표현되었으나

벗 우友 자에는 양손이 다 들어있고

이 던질 투投 자에도 왼손扌과 함께

오른손又이 들어 있습니다.

물건을 들어 생각대로 사용할 수 있는 존재는

오직 지구상에 사람밖에는 없지요.

몽둥이 수殳 자는 몽둥이보다는

회초리와 의사봉의 뜻이 강한 편입니다.

왜냐하면 바로 안석几 때문입니다.

안석案席은 훈장의 자리며

접장接長의 자리며

팀장team leader의 자리며

심지어는 의사봉殳을 휘두르는

체어맨議長의 자리이기 때문입니다.

국정의 주요 책임자 자리이기 때문입니다.

分

나눈다는 것은 이미 기존의 것을
여러 등분으로 나누는 것을 얘기합니다.
이 나눌 분分 자는 나눈다는 의미에서
칼 도刀 자가 부수일 것 같지 않습니까?
그러셨다면 제대로 본 것입니다.
나누면 갈라지겠지요.
일반적으로 칼로 무엇인가를 나눌 때
나뉘어진 조각이 위아래로 벌어질까요.
아니면 좌우로 나뉘어질까요.
좌우로 나뉘는 게 통상적입니다.
나눌 분分 자의 위 여덟 팔八 자가
좌우로 벌어진 것은 바로 이 뜻입니다.
셜록 홈즈William Sherlock Scott Holme
그의 과학 추리극을 감상하노라면
우리가 놓치고 지나갈 하찮은 이야기에서
단서를 잡아내는 것을 보고
감탄에 감탄을 자아내곤 합니다.

이 나눌 분分 자 위의 여덟 팔八 자를 보며
지나칠 수 없는 것은 칼의 쓰임새입니다.
사람은 칼로 사과나 무우 따위를 자를 때
자신이 서 있는 방향에서
좌우 대칭으로 자르게 마련입니다.
이는 나눈 조각이 위아래로 나뉘지 않고
좌우로 나뉜다는 데서
나눔分의 평등성을 생각해 볼 수 있습니다.
떡가래를 놓고 썰 때
긴 떡가래를 가로로 길게 늘어놓은 채
서 있는 위치에서 칼질은 세로로 합니다.
당연히 조각은 좌우로 갈라지지요.
만일 칼을 가로로 들어 썰었다면
조각들은 넉 사亖 자처럼 놓일 것이고
나눌 분分 자도 다르게 만들어졌을 것입니다.
그러나 여기서 나눌 분分 자의 뜻은 디바이드divide
곧 나눔의 의미보다는 분수分數의 뜻인
사려, 재량일 것입니다.
영어로는 디스크레션discretion이겠지요.
친구를 사귀되 사려와 재량을 생각하여
분수에 알맞는 사람끼리 어울리는 게
옳다는 뜻이 될 것입니다.

211

交友投分

친구의 친親은 나무木 위에 서서효

뒤꿈치까지 들고 마중見하고

떠나갈 때도 역시 나무 위에 올라서서

마지막 가는 모습을 지켜봄입니다.

친구의 구舊는 올빼미崔의 습성입니다.

방앗간臼을 찾는 올빼미는 야행성이지요.

맹금류이기도 한 그들 올빼미가

새끼들을 위해 방앗간을 찾는 것은

어쩌면 개가 풀을 뜯는 것과 같은 격입니다.

육식동물 맹금류 올빼미가

어찌하여 곡물을 빻는 방앗간을 찾을까요.

이는 먹이사슬을 이용하려 함일 뿐

곡식 때문이 절대로 아닙니다.

방앗간을 지나치지 못하는 참새 때문입니다.

이는 오래된 올빼미의 습성이지요.

참새는 한밤중에는 잠을 잡니다.

방앗간이 아닌 데서 자지요.

어젯밤 이슥토록 《千字文》글을 쓰다가

깜빡 잠들었는데 꿈이었습니다.

올빼미가 방앗간 찾는 꿈이었습니다.

새끼들을 먹여 살리려 방앗간을 찾았으나

참새들은 한 마리도 보이지 않고

방앗간에는 잡초가 키자랑을 하고 있습니다.
잡초에게 물으니 잡초 가라사대
"오메, 먼일이다냐! 시방도
디딜방앗간을 찾는 올빼미가 있었당가?"

<092>

교交우友투投분分

절切마磨잠箴규規

0365 **끊을 절切**

0366 **갈 마磨**

0367 **경계 잠箴**

0368 **법 규規**

교우함에 분수따라 의기투합해

절차탁마 끌고밀며 바르게가라

절차탁마切磋琢磨는《시경诗经shijing》에 나옵니다.

13경 중《诗经》은 본디 3,000여 수首 시가 수록된

매우 방대한 시가詩歌 모음집이었는데

콩즈孔子(B.C.551~B.C.479)가

305수로 간추려 재편집해 놓았습니다.

내용 한 번 보겠습니다.

골위지절骨謂之切, 뼈는 자르고

상위지차象謂之磋, 상아는 갈고

옥위지탁玉謂之琢, 옥은 쪼고

석위지마石謂之磨, 돌은 다듬다

[얼야erya爾雅]〈시치shiqi釋器〉

치에추어주어모어qiecuozhuomo切磋琢磨

이들이 가지고 있는 뜻은 비유입니다.

지금까지 많은 이들이 이를 정설로 보고

서로 토론하고 연구하여 향상시키는 과정을

비유에 해당한다고 얘기합니다만

사람의 노력이 정설이고 절차탁마가 비유입니다.

切

칼로 자르고, 끊고, 썰고, 저미고, 나누고, 가르고 하는

움직씨動詞들이 이 '끊을 절切'자의 표현이라면

일체一切라고 발음할 때는 전부의 뜻입니다.

많은 이들은 심지어 언어학자들까지도

일체一切를 '일절一切'로 읽습니다.

'일절'은 노래 가사의 묶음을 표현할 때

일절1節 이절2節 따위로 쓰고 읽습니다.

그런데 이는 우리나라의 '한문 읽기'이고

중국어 발음은 똑같이 치에qie며

다만 억양聲調Intonation이 다를 뿐입니다.

따라서 같은 치에qie로 읽더라도

움직씨로서 자르다, 끊다, 썰다, 저미다

나누다, 가르다 라고 할 경우에는

제1성平聲으로 평평하게 발음합니다

그리고 그림씨形容詞로서 급박하다, 절박하다, 간절하다

긴급하다, 중요하다와 움직씨에서도 맞물리다

어찌씨副詞로서 반드시, 꼭, 절대로, 부디, 확실히 따위로

쓰일 경우에는 제4성去聲으로 뚝 떨어지게 발음하지요.

대이름씨代名詞로서 일체, 전부, 모든 따위와

일정한 범위 내 모든 사물을 표현할 때도

한문 발음은 '절'이 아니라 '체'이지만

중국어 발음은 여전히 '치에'로

제4성去聲 억양을 그대로 쓰고 있습니다.

이 끊을 절切 자에서 중요한 것은

한자의 음을 나타낼 때 쓰는 '반절'입니다.

반절은 '反切'이라 쓰는데

한문이 지닌 글자 수가 워낙에 많다 보니

처음 대하는 한자는 어떻게 읽을지

난감할 때가 있지 않겠습니까

하여 자전字典 또는 옥편玉篇에서는

반드시 한자의 발음란에

반절로 발음표기를 하고 있습니다.

가령 '蟲'자를 발음하고자 할 때

처음 보는 글자라서 뭐라고 읽을 것인지

고민이 될 수밖에 없습니다.

이때 한자 밑(옛 한문은 세로쓰기)에 있는

반절을 참고하여 맞춰보면 답이 나옵니다.

참고로 문蟲은 '모기 문'자입니다.

이 밖에 다양한 모기 문蚊蚕蟲蠶 자가 있지요.

반절이 만일 무분반無分反이나

또는 무분절無分切로 되어있다고 한다면

無의 'ㅁ'과 分의 'ㅜㄴ' 발음을 합하여

'문'으로 읽으면 된다는 것을 알게 되지요.

나의 이 스마트 Galaxy note5에서는

'분'에서 초성 'ㅂ'을 뺀 중성 'ㅜ'와 종성 'ㄴ'이

한 글자로 쓰이질 않아 'ㅜㄴ'이 되었습니다.

0366 갈 마

磨

절切마磨절截규規

갈 마磨 자는 부수가 돌 석石이지요.

그럼 돌과 관련이 있는 글자이겠습니다.

글자 형태와 소리가 합해 이루어진

형성문자形聲文字이니까

어떤 게 모양이고 의미값이며

어떤 게 소릿값인지 알면 절반은 안 셈입니다.

대체로 부수가 그 글자의 뜻을 나타낸다면

돌 석石 자가 부수이니 뜻일 것이고

나머지 마麻 자는 으레 소릿값입니다.

움직씨로서 돌을 갈다, 닳다, 닳아 없어지다, 문지르다

고생하다, 돌로 된 연자방아로 찧다 따위가 있고

이름씨로 연자매를 쓰는 연자방아와

곡식을 가는 데 쓰는 맷돌이 있으며

고생을 뜻하는 말로도 쓰입니다.

'돌을 갈다' '돌로 된 연장으로 갈다'

'갈다'의 뜻을 가진 게 '갈 마磨' 외에도

갈 연硯/研/砚/硏/硞, 갈 차磋, 갈 마磨/礳/磿

갈 농/롱礱/硓/礲, 갈 마/맷돌 애磑/磑, 갈 아研

갈 동/숫돌 용硐/硐, 갈 뇌뢰礧, 갈 년/연楄

갈 래硉 (중략) 자 등이 있는데

어찌 하필이면 갈 마磨를 택했을까요.

위 글자는 모두 돌 석石 부수며

새김도 '갈다'의 뜻을 지니고 있습니다

다시 묻습니다. 그런데 왜 갈 마磨 자일까요?

이는 돌 석石 자가 의미값이지만

삼 마麻 자에도 뜻이 들어있는 까닭입니다.

삼麻은 대마초로도 유명합니다만

약성藥性은 정신을 마비시키지요.

캐너비노이드cannabinoids라 불리는

화학 성분이 대마초에는 들어있는데

환각과 중독 효과가 뛰어나다고 합니다
우리가 쓰는 마비痲痺痲痺란 말도
삼麻의 환각성에서 가져온 말로
캐너비스cannabis가 그 바탕입니다.
알고 보면 중독성은 꽤 무서운 것입니다.
나는 어렸을 적 삼농사를 지었는데
용도는 삼베 옷감을 생산하기 위해서였지요.
당시는 삼에 마약 성분이 있는 줄 몰랐습니다.
그냥 삼을 재배하고 삼을 베어
도자기 가마처럼 만든 화덕 지붕에 올려놓고
삼을 찌고 껍질을 벗기고
삼 삼기 좋도록 하기까지가 내 몫이었지요.
그런데 지금 와서 돌이켜 생각해 보면
삼을 베고 삼을 찔 때 풍긴
구수한 냄새가 꽤 좋았다는 느낌입니다.
삼麻은 환각의 약성을 담고 있습니다.
학문하고 연구하고 사업하고
수행하고 정진하고 하는 데 있어서
정신일여의 세계로 몰입해 들어가려면
무아나 몰아의 삼매이거나
거의 환각 상태가 되어야 함을
소릿값 중 마麻로서 가져왔을 수 있습니다.

절切마磨저杵채규규規

0367 경계 잠

箴

경계에는 두 가지 뜻이 있습니다.

첫째는 경계警戒guard고

둘째는 경계境界boundary border입니다.

잠箴의 역사는 경계境界에서 비롯하여

경계警戒로 뛰어넘어온 것입니다.

이게 대관절 무슨 뜻이냐고요?

누비 디자이너quilter는 알고 있습니다.

조각과 조각 사이를 누비는 바늘이 다름 아닌 잠箴입니다.

경계Border와 경계를 잇대어 꿰매는

바늘 중 좀 큰 시침 바늘이 잠箴입니다.

이 시침 바늘을 이용하여

조각과 조각을 잇대 시친 뒤에

작은 바늘로 다시 꼼꼼히 꿰매는 것이지요.

그러면서 한 땀 한 땀 조심스럽게

정성을 다해 꿰매나가는 데서

조심하다, 미리 경계하다의 뜻을 부여하여

경계guard의 세계로 넘어옵니다.

퀼트란 조각과 조각을 이음입니다.

이들 하나하나의 조각에는

갖가지 성질의 것이 다 들어있습니다.

조각 하나 하나가 곧 세계며 우주입니다.

퀼트의 시조始祖를 아십니까.

스님네가 몸에 걸치는 가사袈裟입니다.

가사는 안타회, 울타라승, 승가리로서

삼의일발三衣一鉢의 세 벌 옷三衣입니다.

퀼트 아티스트들의 작품을 보면서

나는 가끔 생각에 잠기곤 합니다.

아! 가사의 세계를 꿈꾸는 이들이여!

가사에는 율장에 기록된 의미 외에도

나는 중생과 중생을 비롯하여

중생과 부처, 부처와 부처

생명과 생명, 생명과 무생명

무생명과 존재, 존재와 세계의 의미가 담겨 있습니다.

그리고 세계와 물질, 물질과 비물질

비물질과 에너지, 에너지와 공간

공간과 시간, 시간과 초超시간 초공간

초超 시공간의 세계인 마음으로 이어지는

장엄스런 뜻을 담고 있다고 봅니다.

퀼트 작가 이른바 퀼터들은

이들 경계를 하나로 이어주는 이들입니다.

아! 그리고 다시 보니 뜨개질 바늘도 잠箴이네요.

뜨개질하는 이가 창조자며 예술가입니다.

경계 잠箴 자의 부수는 대 죽竹 자며

다 함咸 자가 소릿값에 해당합니다.

잠箴은 바늘 침鍼/針 자에서 왔다고 하는데

얼핏 생각하기에는 이해가 안 갑니다.

쇠붙이金를 다루던 철기 시대가

돌을 다루던 석기 시대보다는 늦고

석기 시대가 대나무를 포함하여

나무로 도구를 만들어 쓰던 시대보다 늦은데

어떻게 쇠붙이 바늘針/鍼에서

대바늘箴 시대로 올 수 있겠느냐는 것입니다.

복고풍復古風 때문이라고요?

아무튼 학자들의 연구과제가 참 많습니다.

대쪽처럼 쪼개지거나 차라리 부러지는 한이 있더라도

지켜야 할 법규와 신의를 지킨다면

절차탁마하는 벗의 자격은 충분할 것입니다.

절차마磨착箴규規

規

부수는 볼 견見 자고 뜻은 장부 부夫 자입니다.

본디 부夫가 아니라 화살 시矢 자지요.

금문에는 부夫가 붓 율聿 자로 되어 있고

견見이 두루 주周 자로 되어 있다 하는데

아직 금문은 살펴보지 못했습니다.

두루 주周는 둥글다는 뜻이고

붓 율聿 자는 그린다는 뜻이기 때문에

원을 그리는 컴퍼스compass일 것입니다.

컴퍼스는 원을 그리는 제도용구이지만

나침반, 나침반자리, 범주, 중용, 정도 등

여러 가지 정확한 뜻을 갖고 있습니다.

법도 준칙 효법 모사 따위 뜻도 있지요.

나는 금문의 '법규'자와 상관없이

지금의 법 규規 자에 담긴 뜻을 중시합니다.

법 규規 자는 장부夫의 시각見이며

또한 장부夫의 견해見입니다.

장부는 하늘一 위로 치솟는 사람大이며

그의 담대한 견해見를 이르는 말입니다.

당연히 대장부의 모습이지요.

장부일수록 법도에 어긋나지 않는 이입니다.

벗과의 사귐을 얘기하면서

얘기가 진부해지지는 않았는지요.

프렌드쉽friend ship이란 무엇일까요?

절차切磋며 탁마琢磨입니다.

끊어버릴 악습은 과감하게 끊고切

개성있게 다듬을 건 예술적으로 다듬고磋

창조를 위한 쪼음은 제대로 쪼고琢

전체를 위한 다듬음은 제대로 갈磨 일입니다.

<093>

인仁자慈은隱측惻

조造차次불弗리離

0369 **어질 인仁**

0370 **사랑 자慈**

0371 **숨을 은隱**

0372 **슬플 측惻**

인자하고 측은하게 여기는마음

잠시라도 떠나서는 아니되는법

仁

'어질다'라는 뜻을 지닌 한자는 많습니다.

어질 인仁 외에 어질 량/양良/俍

어질 현賢/贒/贤/臤/賢, 어질 온盈

어질 인囜/儿/忈/忎 따위가 있습니다.

콩즈가 중요시한 오상五常의 덕목은 딱 한 글자입니다.

바로 '어질 인仁'자입니다.

변죽부터 울려보는 것은 어떻습니까?

첫째, 어질 량良/俍 자입니다.

양良 자는 상형문자로 키箕입니다.

키는 키질을 통해 쭉정이를 날려버리고

알곡만 남기는 농기구의 하나지요.

따라서 '좋다'는 뜻으로 쓰였는데

양민良民, 양심良心, 또는 양질良質처럼

어진 사람 어진 마음 좋은 품질의 뜻입니다.

사람인변亻의 어질 량俍 자는

세상의 어떤 좋은 것良도

사람亻이 기본이 되어야 한다는 뜻입니다.

둘째, 어질 현賢 자입니다.

신하臣란 재물貝 또는 이익貝 앞에서

바를又 수 있어야 하고

중용中의 마음心을 유지해야 하며

비록 제 이익貝이 나뉜다‖고 하더라도

언제나 바를又 수 있다면 어진 이입니다.

바른又 신하臣가 어진臤 자입니다.

그러나 정작 바른又 관료臣는

경제貝가 제대로 돌아가게 힘쓰는 자며

백성들을 굶지 않게 하는 군주입니다.

참고로 '또 우又'자를 '바른'으로 풀었는데

오른손, 바른손의 표현입니다.

오른손은 '옳다' '옳은 손'에서 왔고

바른손은 '바루다' '바룬 손'에서 왔습니다

마찬가지로 왼손은 '외다'에서 왔는데

이는 '마음이 꼬여있다' '빗나가다'

'좌우가 뒤바뀌어 쓰기에 불편하다' 등에서

가져와 쓴 말로 '옳은'의 반대 개념입니다.

셋째, 햇볕日이 잘 드는 곳皿은 따뜻합니다.

온화한 기운에 견주고, 따스하고 부드러움에 견주어

어질다 생각하고 좋다고 본 것입니다.

그릇皿에 담긴 햇살日은 따뜻하지요.

그릇이 무엇일까요.

그렇습니다.

어머니mother며 대지earth입니다.

따뜻한 햇살이 그릇세간器世間을 비추면

자연스레 따뜻해질 수밖에 없습니다.

삶의 터전이 그릇입니다.

삶을 윤택하고 넉넉하게 하는 이가

가장 뛰어난 어진 자라고 할 것입니다.

넷째, 두 사람二의 마음心이

아름답게 조화를 이루게 함이 어짊이고

일천 명千의 마음心을 넉넉하게 함이

그렇습니다. 어짊입니다.

두 사람이란 높은 자와 낮은 자며

가진 자와 못 가진 자며

건강한 자와 불건강한 자며

부처와 중생이며

신과 인간이며

부리는 자와 고용자, 노동자입니다.

다섯째, 어짊囚이란 공口과 사厶의 조화입니다.

국가口와 국민厶이 함께함입니다.

국가는 국민들을 보호할 의무가 있고

국민들은 국가를 의지하면서

서로 윈윈win-win의 관계에 놓일 때

어짊의 세계는 꽃을 피우고

사랑을 나누고 이익을 나눌 때

어짊은 그 속에서 열매를 맺을 것입니다.

변죽만 울리다 말 수는 없지요.

어진사람 인儿 자에서 알 수 있듯이

어질다는 의미는 위의 두 그룹에서처럼

서로 도움을 주고 서로 이익이 되는

당당한 윈윈win-win 관계입니다.

콩즈는 사람亻이 사람일 수 있음은

다름 아닌 인仁이 있기 때문이라 했습니다.

인仁이 어질 인仁 자이기는 하지만

'어짊'이라 풀이한 용어보다는

그냥 '仁'으로 읽고 '仁'으로 표기함이 좋습니다.

이는 마치 선불교의 '참선 선禪' 자를

'참선'으로 풀고 표기하기보다

그냥 '禪'으로 쓰고 느낌이 더 좋듯 말입니다.

禪이 그냥 禪이듯

仁은 그냥 仁입니다.

콩즈는 인의예지신仁義禮知信을

인간이 지녀야 할 상도常道라 했습니다.

이들 다섯 가지 상도 가운데

뿌리줄기根幹는 다름 아닌 인仁입니다.

이 인仁이라는 뿌리줄기에서

사랑仁venevolence을 비롯하여

정의義righteousness와

예의禮propriety와

분별知wisdom과

진실信sincerity의 가지를 뻗는 것이지요.

이들 사랑, 정의, 예의, 분별, 진실은

홀로 이루어지는 게 아닙니다.

사랑도 홀로는 성립되지 않고

정의도 예의도 분별도 그리고 진실까지도

혼자 사는 세상이 아니라

더불어 사는 사회社會에서의 덕목입니다.

그러기에 인仁은 사람인변亻에

두 이二 자를 붙인 것입니다.

이二 자는 사회society요 관계성입니다.

유가儒家에 인仁이 있다면

불가佛家에는 자慈가 있습니다.

사랑 자慈 자는 마음 심心 자가 부수며

이 자玆 자가 소릿값입니다.

소릿값 이 자玆 자에는 뜻도 있습니다.

어떤 뜻이 들어 있을까요?

그렇습니다. 부수와 묶어 '이玆 마음心'입니다.

이는 부정하는非 마음心, 비悲가 아니라

긍정하는玆 마음心, 자慈입니다.

불교에서 말하는 자비慈悲를

밋밋하게 '사랑'으로 풀이하고들 있지만

이 사랑慈은 슬픔悲을 간직한 사랑입니다.

슬픔悲도 사랑慈을 간직한 슬픔이고요.

게다가 앞에 그림씨를 턱하니 올려놓습니다.

'크다大'라는 그림씨입니다.

대자대비大慈大悲의 '크다'입니다.

불교의 사랑은 긍정하는 마음과

부정하는 마음을 적절하게 사용하여

불성을 덮고 있는 업장의 가림막을 걷어냅니다.

불성은 어떤 경우도 오염됨이 없습니다.

사람들은 곧잘 얘기합니다.

마음이 온갖 욕망으로 섞여 있다고요.

그런데 나는 감히 얘기합니다.

마음은 오염될 수 없습니다.

불성이기 때문입니다.

불성은 진주와 같고 보석과 같아서

묻은 오염물질만 닦아내면 깨끗해집니다.

불성을 가리운 가림막만 걷어내면

찬란한 불성은 고운 자태를 드러냅니다.

하늘에 밝은 태양이 있습니다.

구름에 가려 보이지 않을 따름입니다.

지구 자체의 그림자로 인해

직진성의 빛이 도달하지 않아

밤이 되고 어둠이 되기는 하겠지만

태양은 한 순간도 하늘을 떠난 적이 없습니다.

구름이 걷히거나 새벽이 오게 되면

태양은 밝고 찬란한 모습을 드러내지요.

불성도 그와 같습니다.

대자대비 사랑도 그렇습니다.

이는 오상五常의 덕목도 그러합니다.
인간의 소박한 마음을 떠나
오상이 없고 불성이 없습니다
불성 그대로가 곧 진주고 보석이지요.
불성인 보석은 오염에 물들지 않습니다.
불성 보석은 가림막으로 눈에 띄지는 않지만
태양처럼 없어진 것이 아니기에 가림막만 걷어내면 됩니다.

0371 숨을 은

隱

가엾을 은隱으로도 풀이되는 은隱 자는
좌부변阝부수에 삼갈 은㥯 자입니다.
좌부변阝은 언덕 부阜와 같은 글자지요.
언덕은 그림자를 만들어냅니다.
말은 언덕이지만 높은 산일 수 있습니다.
티베트의 히말라야도 언덕이고
아프리카의 킬리만자로도 언덕입니다.
동아프리카 언어 스와힐리어Kiswahili로

리마lima는 산이며 언덕입니다.

이 산이요, 언덕이라는 리마lima에

단수형 접두어 키Ki를 얹어 킬리마kilima가 되었을 때

홀로 우뚝 솟은 하나의 언덕이 되지요.

만약 복수형 접두어 미mi를 얹어

밀리마milima가 되면 그때는

이어진 언덕mountain chain이 됩니다.

여기에 '빛나다'의 뜻 안자로anjaro를 붙여

킬리만자로kilimanjaro라 하면

이는 빛나는 하나의 언덕이고

하얀 눈을 이고 있는 하나의 언덕입니다.

위대한 탐험가 데이비드 리빙스턴(1813~1873)이

킬리만자로를 멀리서 처음 본 순간

"아! 장엄하여라 빛나는 언덕이여!"

라고 부르짖었다고 합니다.

언덕은 때로 그림자를 드리워주고

언덕은 숨을 곳을 제공해주기도 하지요.

가림막의 언덕이 있기에 쉴 수도 있습니다.

그러므로 숨을 은隱 자 그 이면에는

편안함이 깃들어 있습니다.

삼갈 은㥯은 급할 급急의 속자俗字입니다.

은㥯은 '가려운 곳急을 긁다爪'의 뜻입니다.

235

인간적인 혹은

가려울 때 열심히 긁어대는 개의 모습을 보며
어쩜 뒷다리를 저리 빨리 움직일까 하고
신기해한 적이 한두 번이 아닙니다.
가려우면 성격이 급해집니다.
아주 재빠르게 움직입니다.
급할 급急 자가 생겨나는 배경입니다.
'삼가다'의 뜻은 '조심하다'의 뜻으로
신독愼獨에서 온 말이지요.
언덕阝으로 가리워져 있을 때도
삼가고 조심하라隝는 의미일 것입니다.
그러다가 중요하다 슬퍼하다.
켕기다 숨다 따위의 뜻으로 옮겨갔습니다.

인仁자 慈은隝측惻

0372 슬플 측

사람의 본성은 슬퍼함惻입니다.
슬픈 일을 당해 슬퍼할 줄 아는 마음이
인간의 본성忄이고 삶의 길則입니다.

삶의 길則은 소유한 것貝을 나눔ㅣ입니다.

재물貝을 가진 자는 재물을 나누고

재능ㅣ을 가진 자는 재능을 나누고

감성忄을 가진 자는 느낌을 나눕니다.

솜씨爪를 가진 자는 솜씨를 나누고

기술工을 가진 자는 기술을 나누고

도구크를 가진 자는 도구를 나누고

마음心을 가진 자는 마음을 나누고

언덕阝을 가진 자는 감쌈을 나눕니다.

긍정玆을 지닌 자는 기쁨을 함께하고

부정韭을 지닌 자는 아픔을 함께하고

어짊仁을 지닌 자는 사랑을 함께하고

정의義를 지닌 자는 올곧게 살아가고

진실信을 지닌 자는 신뢰로 사는 것입니다.

<094>

인仁자慈은隱측惻

조造차次불弗리離

0373 **지을 조**造

0374 **버금 차**次

0375 **아닐 불**弗

0376 **떠날 리**離

인자하고 측은하게 여기는마음

잠시라도 떠나서는 아니되는법

造

성서 《구약전서》 〈창세기〉 1:1~1:31에

신의 창조創造 역사가 구체적으로 이어집니다.

첫째 하늘과 땅의 창조입니다.

둘째 빛의 창조에 어둠은 덤으로 따라옵니다.

셋째 낮과 밤 저녁과 아침이 생깁니다.

넷째 궁창을 만들어 하늘로 삼습니다.

다섯째 뭍과 바다를 창조합니다.

여섯째 초목과 채소를 만듭니다.

일곱째 하늘에 해 달 별을 창조합니다.

여덟째 새와 짐승들을 창조합니다.

아홉째 신들의 형상대로 사람을 만듭니다.

열째 앞서 만든 것을 사람에게 귀속시킵니다.

이처럼 하나로 이어지는 과정들을 보면

창조는 '말씀'으로 이루어집니다.

창조의 창創이 '처음 창創'자이듯이

처음부터 신은 사람人을 만들고 싶었습니다.

어떻게 만들까를 궁리하다가

자신들의 모습을 본뜨기로 했습니다.

단수로서의 유일신이 아니라

복수로서의 신들의 모습이었습니다.

그래서 점丶 하나를 찍었습니다.

그러나 점 하나로 사람을 살릴 수는 없었지요.

하여 하늘과 땅이라는 공간이 필요했고

사람이 머물 집尸이 필요했습니다.

먹고 마시며口 살게 해야만 했습니다.

그러기 위해 도구丨도 필요했을 테고요.

곳집倉은 하늘이고 땅이었습니다.

밝음과 어둠이었습니다.

먹을거리며 마실거리였습니다.

머물 곳이었고, 숨 쉴 곳이었습니다.

이들 모두를 가능케 하는 도구丨였고

무엇보다 소중한 것은 계절이었습니다.

다름 아닌 시간이었습니다.

창조創造의 '조造'에서 보듯

공간의 확장辶이었고 시간의 이어짐辶이었습니다.

이와 같은 조造의 의미辶를

소릿값 고告에서 구체화시키고 있습니다.

뭍一 아래에 놓인 것은 바다口였고

뭍 위로는 궁창穹蒼이었습니다.

궁창! 곧 맑고 푸른 하늘이었습니다.

이 맑고 푸른 하늘의 뼈대가 무엇입니까.

과거에서 미래로 이어지는 시간ㅡ이고

뭍에서 하늘로 뻗는 공간ㅣ이었습니다.

이 확장되는 하늘과 땅 사이ㅣ에서

끊임없는 시간ㅡ을 주관할 주재자로서

자신들의 대리자 사람人을 생각했습니다.

사람人의 줄임 기호가 기하학ノ이지요.

조造의 소릿값 고告에서 삐침ノ은

사람이라는 기하Geometry의 존재입니다.

창세기 '창조'에서 간과할 수 없는 게 있다면

첫째는 설계도요

둘째는 소요시간이며

셋째는 창조의 과정인데

설계도가 없고 소요시간이 없습니다.

창조과정의 스캔 비주얼이 전혀 없습니다.

창조의 역사가 워낙 오래되어서라고요?

46억 5천만 년의 지구 역사와

50억 년의 태양계 역사는 물론이려니와

137억 년의 우주의 역사조차도

오늘날 물리학자들은 밝혀내고 있습니다.

우주가 시작된 역사의 흔적들이

복사輻射radiation로 남아있는 까닭입니다.
긴 이름은 우주배경복사宇宙背景輻射인데
이해를 돕기 위해 영어도 덧붙입니다.
- cosmic background radiation -
1948년 조지 가모프 박사와 랄프 알퍼
로버트 허만에 의해 최초로 언급되었지요.
이 우주배경복사의 발견으로 인하여
그간의 정상우주론은 종말을 고했으며
대폭발bigbang이론이 정설이 되었습니다.
그런데 창조과학創造科學에서는
천지창조 역사를 6천~8천 년으로 봅니다.
물리학에서는 137억 년의 긴 우주역사도
우주배경복사 하나로 판별해내는데
성경연대로 넉넉잡아 8천 년의 창조 역사가
너무나 시간적으로 오래되어
창조설계도에서부터
창조의 전과정을 고스란히 담고 있는
스캔 비주얼scan visual이 없다는 것이
아무리 생각해도 이해가 잘 되지 않습니다.
어쩌면 신기루蜃氣樓mirage일지 모릅니다.
그러나 정작 내가 말하고자 하는 것은
신의 창조는 '말씀'이라는 것입니다.

造次弗離

창조의 '조造'의 소리값 '고告'에 들어있다는
말씀告의 세계를 간과할 수 없음입니다.
'빛이 있으라' 하심을 비롯하여
신이 던진 한 마디로 창조가 이루어지는
전능全能 qmnipotence입니다.
여기에는 시간이 소요되지 않습니다.
우리가 발주사로부터 수주를 받을 때
여러 가지 조건 중 반드시 '기간'이 있습니다.
언제까지 완성하여 제공할 것인가
건축이라면 언제까지 완공할 것인가라는
기간을 설정하지 않으면 안 됩니다.
그런데 신의 창조는 말씀告 하나만으로
진행辶되었기 때문에 시간을 요하지 않습니다.
조차造次, 조차간間, 또는 조차지간之間을
'얼마 아닌 짧은 시간'이거나
'아주 급한 때'로 풀이하는 것도
어쩌면 구약성서에서의 신의 창조논리에서
가져온 게 아닐까 하는 생각을 해 봅니다.
내가 즐겨 읽는 성서는 1962년 판으로
홍콩香巷Hong kong에서 발행되었으며
홍콩과 타이완臺灣Taiwan에 배포되었는데
간체자가 아닌 번체자로 된 성서입니다.

造次必是弗리離

1983년 9월 타이완을 방문했다가

타이베이臺北Taibei에서 구입했습니다.

창1:26에 "神說, 我們要照着我們的形像,

按着我們的樣式造人~"이라 하여

신이 말씀하시길 "우리는 우리 모습을 따라

우리 양식대로 사람을 만들어 ~"라 하고

나중에 신들 모습대로 사람을 만들었노라며

구체적으로 기록하고는 있습니다만

소요시간은 그다지 구체적이지 않습니다.

왜냐하면 '지음造'이 말씀說으로 만든 까닭입니다.

조造차次불弗리離

0374 버금 차

次

하품할 흠欠 부수에 이수변 〉입니다.

물은 원형原形Original Form이 물입니다.

얼음 〉Ice은 물이 고체로 바뀐 것이지요.

따라서 으뜸元에 대해 버금次입니다.

버금 차次 자에 얼음 빙 〉자를 놓은 것은

부수는 하품할 흠欠 자이지만

이수변 〉에도 뜻이 들어있다는 것입니다.

마지막 빙하기가 1만 년이나 지속된 것을

제대로 알지 못하는 옛사람들은

얼음이란 따스한 봄이 오면

쉽게 녹아 물로 되돌아간다고 보았습니다.

따라서 '겨울이 오면 봄은 멀지 않았다'며

얼음의 세계를 쉽게 생각했지요.

그래서 앞의 조造자와 더불어 조차造次를

매우 짧은 시간, 아주 급할 때로 표현했습니다.

0375 아닐 불

弗

난 아무래도 속물俗物인가 봅니다.

불弗 자를 보면 아닐 불/말 불弗이 아니라

가장 먼저 달러$ 불弗이 떠오릅니다.

본디 아닐 불弗 자는 활 궁弓이 부수입니다.

2개의 활을 등을 맞대어 놓고 펴려 하면

탄성의 법칙과 시위의 힘에 의해

펴지지 않고 되돌아옵니다.

한마디로 말을 잘 안 듣는 것이지요.

여기서 부정사 '말다' '아니다'가 나왔습니다.

활 궁弓 자는 완벽한 상형문자입니다.

여기에 세로로 2번 내려그은 것은

활이 하나가 아니라 두 개라는 뜻입니다.

혹 활 등을 무릎에 대고 뒤로 젖혀보셨나요?

그때는 활시위가 끊어지는 것이 아니라

활 자체가 빙그르르 돌아버립니다.

그래서 마음대로 안 된다 하여

'말다' '아니다'의 뜻을 지니게 된 것입니다.

不造不次불弗리離

0376 떠날 리/이

離

꾀꼬리离는 여름 철새입니다.

중국 남부, 인도 남부, 인도차이나 등지에서

겨울을 나고 4월 말 5월 초에 찾아옵니다.

참새雀 목目 꾀꼬리과科의 새 꾀꼬리는

학명이 Oriolus chinensis며

노란색과 검은색이 조화를 이룹니다.

꾀꼬리는 여느 조류와 마찬가지로

곤충들을 잡아먹습니다.

리离는 꾀꼬리 리鸝 자의 본자로

소리와 글의 뜻을 겹쳐서 나타냅니다.

꾀꼬리가 울 때면 어머니는 말씀하셨지요.

"꾀꼬리가 우는 걸 보니 누에 칠 때네."

어머니는 한여름에는 삼농사를 지어

길쌈을 하고 삼베를 짜셨으며

이맘때부터 한여름夏至 때까지는 누에를 치셨지요.

한 장도 못 되는 겨우 반 장을 치셨습니다.

우리는 가난하여 뽕나무밭이 없었습니다.

247

하여 산뽕잎을 따서 누에를 치다 보니
늘 반 장을 넘지 않으셨습니다.
빚지는 것을 염려하여 욕심부리지 않고
늘 농사지을 힘에 맞도록 하셨습니다.
요즘 와서 느끼는 것이지만
어머니는 매우 뛰어난 경제인이셨습니다.
본디 '우리 집'이란 집 한 채 없었지만
빚 때문에 집이 넘어가는 일은 없었으니까요.
꾀꼬리는 철새입니다.
환경을 자신에게 맞게 바꾸려 하지 않고
언제나 주어진 환경에 자신을 내맡기는
적자생존適者生存의 귀재입니다.
그래서 때가 되면 떠납니다.

조造차次불弗리離

다른 말로는 인연이 다하면 떠나지요.
이런 원리를 따르다 보니
철새 정치인들이 쉽게 옮겨다니면서도
스스로를 너무나 당당하게 여깁니다.
자신을 지지해 준 지역민들을 저버리고
이 당 저 당으로 옮겨 다니곤 합니다.
비속어 중에 '새대가리'란 말이 있습니다.
철새들이 환경 따라 옮겨 다니는 것에
자신을 견주어 당당하게 여기는데

그럼 이들 뇌가 새 뇌와 같다는 뜻인가요.

새들은 인간과 달리 종교와 철학을 모릅니다.

새들은 이념이 없고 정치가 없습니다.

새들은 문화와 예술이 없습니다

새들은 표를 먹고 살지 않기에 배신도 없습니다.

새들은 두 날개 외에는 저장할 곳이 없지요.

새들은 닭들과 달라 벼슬도 없습니다.

새들은 떠날 때 미련없이 훌쩍 떠납니다.

새들은 보수가 없고 진보가 없습니다.

새들은 주主님도 모르고 종奴도 모릅니다.

새들은 부처님도 중생도 온통 떠나 있습니다.

새들은 오늘이 임시공휴일인지 모릅니다.

<095>

절節의義렴廉퇴退

전顚패沛비匪휴虧

0377 **마디 절**節

0378 **옳을 의**義

0379 **청렴할 렴**廉

0380 **물러날 퇴**退

절개의리 청렴겸퇴 군자의도리

넘어지는 순간에도 굳게지니라

0377 마디 절

節

절節은 대 죽竹이 부수고 곧 즉卽 자가 소릿값입니다.

소릿값인 곧 즉卽 자는 다시

병부 절卩과 고소할 핍皀으로 되어 있고

고소할 핍皀 자는 또다시

흰 백白과 비수 비ヒ로 되어 있습니다.

그런데 이 가운데 고소할 핍皀 자는

쓰임새에 따라 발음이 다릅니다.

우리나라에 '고소왕'이 있다 들었습니다.

크든 작든 고소부터 하는 사람

법 좋아하는 사람이겠지요.

법이란 억울한 사람을 줄이기 위해

모든 사람들에게 열린 기관이기는 하지만

특히 이런 제도를 즐기는 자가 있습니다.

또는 직접 고소하지는 않지만

인터넷 등에 올리겠다며 협박하기도 합니다.

법원에 고소하고

검찰에 고소하고

251

절節의 義리廉퇴退

경찰에 고소하고
민원에 고발하고
이웃에 털어놓고
SNS에 올려놓고
이때 '고소告訴하다'의 뜻을 담은 자가
바로 이 '고소할 핍皀' 자입니다.
그런데 이 글자皀가 재미있는 것은
어떤 기관에 어떻게 고소하느냐에 따라
발음을 달리한다는 것입니다.
고소할 핍皀, 고소할 벽皀, 고소할 향皀, 고소할 급皀
낟알 핍皀, 낟알 벽皀, 하인下人 조皀/皀/皁
검을 조皀, 흰 백白, 향기 향皀/皂/皁/香
향기를 뜻할 때는 '향'으로 발음합니다.
향기, 향, 향료, 향기로움, 향기롭다
심지어 '감미롭다' 할 때도 '향'으로 읽습니다.
그러고 보니 마디 절節 자에는
참으로 많은 뜻과 소리가 들어있습니다.
그래서 나는 얘기합니다.
"절節은 생명과 무생명의 총합"이라고

마하대법왕摩訶大法王
무단역무장無短亦無長

본래비조백本來非皂白

수처현청황隨處現靑黃

야보冶父Yefu禪師 : 《金剛經五家解》

위대하셔라 크신 법왕이시여!

짧지도 않거니와 길지도 않네

본래로 검지도 희지도 않은데

곳을 따라 청황을 드러내시네

세상은 '마디'로 이루어져 있습니다.

시간의 큰 마디는 과거 미래 현재입니다.

한 해는 365일 마디로 되어있으며

이를 닷새씩 72후候로 묶었고

다시 3후씩 24절節로 묶었으며

또한 2절씩 12달로 묶어놓았습니다.

그리고 석 달씩 사계절로 묶어놓았습니다.

60분씩 24시간 마디로 하루를 나누었고

1분은 60초로 나누었는데

이도 과학에서는 길다고 느껴지면서

1초를 나노초, 곧 10억 분의 1초로 나누고

이 나노초를 다시 나노초로 나누어

찰나의 세계에 잇대 놓았습니다.

불교에서 말하는 겁은 지구의 나이고

찰나는 나노의 나노초입니다.

어디에 보니까 찰나를 75분의 1초라 했더군요.

시간만 나누어 놓았나요.

마찬가지로 공간도 나누어 놓았습니다.

어느 날 아주 작고 작고 또 작은 특이점에서

우주가 뻥하고 강력하게 열렸습니다.

우주는 생긴 것이 아니라 열린 것입니다.

열리는 바로 그 순간이 너무 짧아

나노의 나노초인 1찰나로도 설명이 안 됩니다.

지금까지 밝혀진 바에 따르면

빅뱅은 나노초의 나노초 사이라지만

내 생각에 아무리 계산기를 두들겨 봐도

거기서 다시 나노초의 나노초로

극미 시간의 극한까지 밀어붙여야만

빅뱅이 설명된다고 봅니다.

다시 말해 1나노초가 −10의 9승이라면

−10의 18승인 찰나의 짧은 시간을

다시 찰나로 쪼갠 −10의 36승쯤 되어야

빅뱅 시간이 제대로 설명될 수 있을 것입니다.

어느 날 내가 시간 개념인 찰나를 일컬어

나노초의 나노초인 −10의 18승 초라 하자

"애개! 겨우 −10의 18승 초라고?"

10의 18승, 곧 100경京!

얼마나 되는지 감이 잘 오지 않습니다.

그렇다면 우리나라 전체 국부國富가

과연 얼마쯤이나 될 거라 생각하시는지요.

동산 부동산 금융을 비롯하여

국보 문화재까지 통틀어 잡는다 하더라도

US달러가 아닌 원화로 환산했을 때

2경 원을 넘지 않을 것입니다.

국부란 우리나라 10만 제곱km의 국토와

그 안에 있는 모든 것을 사람을 빼고는

빠짐없이 경제로 환산된 가치입니다.

이를 우리나라 인구 5천만 명으로 나누면

국민 1인당 평균 4억씩 돌아가는 수치니

평균 3식구에 12억이고

평균 5식구 가정경제가 20억이겠네요.

100경이 얼마나 많은 수인지 대충 짐작이 가겠는지요.

이 100경 분의 1초가 1 찰나입니다.

이 1찰나를 다시 100경으로 나누었으니

실로 상상이 안 가는 짧은 시간인데

그 짧은 시간에 우주가 열린 것입니다.

어떤 글에서 천지창조론를 언급하며

지음造에는 소요시간이 들어있지 않다고 했습니다.

왜냐하면 말씀說으로 진행这 되었으니까.

그러나 신의 천지창조설과

우주의 빅뱅설은 전혀 다른 문제입니다.

빅뱅설 역시 초超 시간에 이루어졌습니다만

우주배경복사가 고스란히 남아있어

정확한 증거를 찾아낼 수가 있습니다.

하지만 신의 창조설에는 말씀만 있을 뿐

어떤 증거도 발견할 수 없습니다.

신의 말씀은 종교일 뿐 과학이 아니며

빅뱅은 물리학이지 종교는 아닌 까닭입니다.

우주가 열리면서 시간이 시작되었고

우주가 열리면서 공간이 팽창했습니다.

빅뱅으로 우주가 열린 지 137억 년이라면

137억 년 동안 빛의 속도로

공간이 퍼져나갔고

지금도 퍼져나가고 있으며

앞으로도 계속해서 우리 우주는

확장의 운동을 멈추지 않을 것입니다.

그렇다면 1찰나가 100경분의 1초라면

이렇게 짧은 시간의 마디들이

이어지고 이어지고 또 이어져서

초秒가 되고, 분分이 되고, 시간과 하루가 되고

후候가 되고, 절節이 되고, 달과 계절이 되고
한 해가 되고 모든 시간의 역사가 됩니다.
우주공간을 가득 메우고 있는 것을
공간을 포함하여 원자原子로 알고 있습니다.
그리고 그것은 실제 원자가 맞습니다.
그런데 언제부터인가
원자를 이루고 있는 것들이
양성자와 중성자 전자로 판명이 되었으며
이들은 다시 쿼크로 되어 있고
쿼크를 세밀하게 분석해 보니
끈이고 파동이었음을 알게 되었습니다.
그런데 나는 언제부터인가
이들 끈이론의 끈은 끈에서 끝나지 않고
마디의 이어짐이라는 것을 생각했습니다.
천자문 때문이 아닙니다.
나의 이 새로운 '마디 가설假說'은
물리학자들이 앞으로 증명할 일이지만
내 이론물리에서는 세상은 마디의 세계입니다.
세포의 핵을 이루는 나선형 DNA도
자세히 관찰하면 결국 마디의 복합체입니다.
하물며 눈에 보이는 풀과 나무이겠으며
생명의 골격骨格만이 아니라

257

빛과 에너지까지도 나는 마디라 봅니다.
시간이 마디이듯 공간도 마디이며
공간이 마디이듯 온갖 사물이 다 마디이며
사물이 마디이듯 질량으로 표현되지 않는
에너지 세계까지도 한결같이 모두 마디입니다.
여기《千字文》에서의 마디 절節 자에 담긴 뜻은
위에서 살펴본 마디와는 거리가 있습니다.
식물의 마디, 동물의 관절, 예절, 절개, 절조
절기, 계절로서의 철, 기념일, 축제일, 명절
항목, 사항, 조항, 단락, 박자, 풍류 가락, 절도
알맞은 정도, 절약, 절제, 높고 험함, 우뚝하다
요약하다, 뽑아서 적다, 제한하다 따위가 있지만
이 가운데서도 절개에 해당할 것입니다.

절節의 兼謙廉退

0378 옳을 의

義

옳을 의義는 의논할 의議를 낳았습니다.

의義를 바탕으로 정치를 하는 이가

시의원市議員이고, 도의원道議員이며

나라살림을 맡은 국회의원國會議員입니다.

옳음을 바탕으로 시민을 모시고

국민을 모신다면 365일도 모자라겠지요.

우리나라 국회의원의 월급은

미국 일본 독일 프랑스 한국 영국 순인데

임무수행은 거의 꼴찌 수준입니다.

우리나라 국회의원은 국민은 아예 뒷전이고

정당의 노선만 보이기 때문입니다.

대통령을 뽑아놓고도 임기 내내

국정을 돕기보다는 발목잡기만 하고 있습니다.

입법위원의 첫째 덕목은 의義입니다.

이 의義의 덕목을 의원실에서 의사당에서

언어議를 통해 실현하는 것입니다.

옳을 의義의 간체자 의义를 보십시오.

좌와 우가 생각을 서로 교류하고
위와 아래가 삶을 끊임없이 개발해 감이
점、으로 표시되고 있습니다.
작은 것을 소중히 여기는 마음입니다.
하물며 큰 것이야 말해 무엇하겠습니까.

0379 청렴할 렴/염

청렴하다는 것은 가난이 아닙니다.
정직하고 결백하며 검소하고 소박함입니다.
예리하면서 날카롭고 살피고 보살핌이며
곧고 반듯함이며 교만하지 않음입니다.
그러면서도 당당함이며 주어진 자리에 대해
최선을 다함입니다.
집과 언덕을 나타내는 엄호广 아래
플러스 알파+@의 뜻 겸할 겸兼 자입니다.
대표적인 뜻은 살핌이고 보살핌입니다.

0380 물러날 퇴

退

물러날 퇴退는 낙조落照의 뜻입니다.
해가 돋는 새벽이 아니고
뜨겁게 작열하는 한낮은 더욱 아니며
아름답게 세상을 물들이는 석양입니다.
낙조가 그토록 아름다운 것은
태양 주변에 함께 하는 구름 때문입니다.
자리에 연연하지 않고
청렴하게 물러남을 염퇴廉退라 하는데
물러나는 이를 아쉬워하는 마음 구름이
석양 주위를 감싸고 흐르기에
염퇴는 아름다울 수밖에 없습니다.
염퇴의 낙조가 아름답다면
인생의 낙조는 행복입니다.

096

절節의義렴廉퇴退

전顛패沛비匪휴虧

0381 **넘어질 전顛**

0382 **자빠질 패沛**

0383 **아닐 비匪**

0384 **이지러질 휴虧**

절개의리 청렴겸퇴 군자의도리
넘어지는 순간에도 굳게지니라

顚

부수는 머리 혈頁이고 진眞이 소릿값입니다.

머리 혈頁 자와 머리 수首 자는

터럭丷이 위로 있으면 머리 수首 자고

터럭八이 턱 밑에 있으면 머리 혈頁 자입니다.

머리 혈頁은 이마에서 수염까지 가리키며

수염이 없을 경우 목까지를 뜻합니다.

머리 혈頁은 이마의 뜻이기도 합니다.

왜냐하면 머리 수首 자에서처럼

머리카락丷으로부터 시작하지 않는 것은

곧 이마를 내세우기 위해서입니다.

이 넘어질 전顚 자는 '엎드러질 전顚' 외에

이마 전顚 자로 새기기도 하는데

머리頁의 뜻을 부각시키기 위함이지요.

전顚 자에 담긴 뜻으로는

엎드러지다, 뒤집히다, 거꾸로하다, 미혹하다, 넘어지다

차다, 채우다, 공간의 거리 수준 따위가 일정한 선에 닿다

미치다, 머리의 최상부인 정수리, 꼭대기, 근본

근심하는 모양의 뜻이 있습니다.

통자通字로 엎드러질 전/이마 전顚이 있고

간체자로 엎드러질 전/이마 전颠이 있으며

정수리 전巓 자가 있는데

이는 참진真 자와 머리 혈頁 자가

같은 글자에 같은 뜻이라는 반증입니다.

그런데 왜 대표적인 새김이 '넘어짐'일까요?

머리의 무게 때문입니다.

모든 생명은 머리가 하나뿐입니다.

팔 둘, 다리 둘인데 머리는 하나뿐이지요.

그런데 만약 머리가 둘巓이라면

무게를 이기지 못해 넘어질 수밖에 없습니다.

그래서 넘어질 전, 엎드러질 전입니다.

머리頁는 몸에 있어서 으뜸真입니다.

그러나 으뜸은 하나로 충분합니다.

으뜸이란 오로지 하나뿐이어야 하지요.

만약 으뜸이 둘이라면 끝까지 겨루어야 합니다.

열 번이고 스무 번이고 겨루어

반드시 으뜸과 버금을 가려야 합니다.

옛사람들은 말했습니다

하늘에 태양은 오직 하나뿐이듯

집안에 가장도 오직 하나이어야 한다고요.

한 나라에 대통령이 둘일 수는 없고
주석主席이 둘일 수는 없습니다.
으뜸은 하나이어야 하듯
머리도 반드시 하나이어야 합니다.
머리가 둘 달린 뱀兩頭蛇이 있었답니다.
먹이를 놓고 양보하지 않고
갈 곳을 놓고도 양보하지 않고
그러다가 결국 굶어 죽고
불구덩이에 타죽었다고 하지요
머리가 둘 달린 뱀처럼
으뜸이 둘이면 넘어질 수밖에 없고
두 사람 모두 양보하지 않고
서로 자기만이 진짜라고 우기면
오히려 낭패를 볼 수 있습니다.

沛

이 글자를 자빠질 패沛라 합니다
글자의 모양새를 놓고 본다면
어떤 경우도 자빠짐과는 거리가 있습니다.
따라서 패沛 자는 '자빠지다' 의 뜻 이전에
비 쏟아질 패沛, 늪 패沛 자로 새겼습니다.
이 패沛 자의 본자本字가 있지요.
바로 이 비 쏟아질 패/늪 패沛 자입니다.
패沛는 패수浿水의 원조입니다.
패수沛水에서 패수浿水가 나왔습니다.
패수浿水는 황허黃河 하류에 있는 늪입니다.
다시 말해 패수는 흐르는 물이 아니라
질펀한 강 하류의 늪지를 가리킵니다.
낙동강 하류의 갈대밭처럼
한강 하류 여의도동과 상수동에 걸쳐있는
밤섬처럼 늪지대를 가리키는 말입니다.
자연이 살아 숨 쉬는 늪지 공원이 있습니다.
동아프리카 탄자니아 남부에 위치한

셀루스 동물 보호구역입니다.

Selous game reserve로 표기하고 있습니다.

이 동물보호구역에는

자그만치 2,100여 종 이상의 식물이 서식하고

아프리카 코끼리 10만 6천 마리가 있으며

검은 코뿔소 2,130마리가 있고

하마가 18,200마리

버팔로가 20만 4천 마리

검은 영양 7천 마리

리히텐슈타인 사슴영양 52,150마리

쿠두, 일런드, 나아시누 8만 8백 마리

적색날개태양새 350종이 살고 있습니다.

탄자니아에 머물 때

셀루스 동물보호구역을 탐방하고 나서

너무나 부러워 엉엉 울기도 했습니다.

중요한 것은 셀루 동물 보호구역 넓은 지역이

늪지 공원이라는 것입니다.

탄자니아의 세렝게티와 응고롱고로에서

쉽게 찾아볼 수 없는 늪지 동물들이

이 셀루스에는 있다는 것이지요.

패수淇水의 원조 패수沛水도

황허 하류에 자리한 늪지 공원입니다.

물론 셀루스만큼 많은 동물은 없겠지만

옛날에는 늪지 공원이 얼마나 대단했으면

패수沛水라는 이름이 붙었을까 가늠해봅니다.

엎드러질 패/늪 패沛 자를 살펴보면

이는 곧 물氵의 도시巿임을 알 수 있습니다.

도시巿의 형성에서 기본은 물氵입니다.

물이 없는 도시는 오래가지 못합니다.

왜냐하면 생명체란 모든 생명체는

물을 떠나서는 살아갈 수 없는 까닭입니다.

법장비구法藏比丘의 극락세계 설계에서도

첫째 조건은 물이고 팔공덕수八功德水였습니다.

도시의 둘째 조건은 신앙信仰이었지요.

요즘은 아닐 수 있겠으나

아주 먼 옛날에는 당골네가 중심이었습니다.

희생물로 돼지머리亠를 준비하고

정갈하게 당골네 옷巾을 갖추어 입고

하늘과 땅과 초목과 암석의 신을 불렀습니다.

강과 바다와 해와 달의 신을 불렀습니다.

낮을 주관하는 신을 부르고

밤을 주관하는 신을 불렀으며

산불신 화산신 부엌신을 불렀습니다.

바람신 허공신 가택신을 부르고

도로를 맡은 신과 용왕과 산신을 부르고

논밭을 맡은 신을 불러들였고

건강을 맡고 인연을 맡아 다스리는 신과

동네 역병을 다스리는 신까지

당골네가 하는 일은 실로 다양했습니다.

그러기에 도시는 곧 당골네에서 시작합니다.

요즘도 신도시를 개발함에 있어서

필히 종교부지를 함께 배정하고 있는데

'저자 시市'자에 그 의미가 담겨 있습니다.

옛날 황허 하류에 도시가 이루어진 것은

어쩌면 너무나 자연스러움이지요.

다시 늪 패沛 자로 돌아갑니다.

늪의 물은 흐르지 않습니다.

늘 고여 있습니다.

그러기에 늪은 썩어 있습니다.

늪의 물이 썩어 있기에 생물, 미생물이 삽니다.

불교에서는 연꽃을 비유로 끌어옵니다.

연꽃은 탁한 물에서 피어난다고요.

연꽃이 피어나는 물은 탁수가 맞습니다.

맑은 물에서는 연꽃이 필 수 없지요.

적어도 극락세계가 아니라면

우리가 살아가는 이 사바세계에서는

으레 흐린 물이라야 연꽃이 피어납니다
연꽃이 흐린 물을 자정自淨시키기는 하지만
자정시키고 싶어 시키는 것이 아니라
흐린 물에서 영양소를 섭취하기 때문입니다.
흐린 물에서 영양을 섭취해서 좋고
따라서 흐린 물이 맑아져 좋은 것입니다.
늪에서는 사람이 똑바로 서기 어렵습니다.
발을 앞으로 내디디면 내딛을수록
계속 수렁으로 빠지는 곳이 늪지입니다.
자빠질 패沛로 새기는 게 으레 맞습니다.
패沛 자가 나중에 패浿 자로 바뀐 것은
뜻하는 바가 따로 있을 것입니다.
일설에 보니 아래와 같은 기록이 있습니다.
"패수浿水는 고조선 때 강 이름으로
지금의 청천강이며 압록강이다."
라는 설이 있는가 하면
랴오시辽西Liaoxi 지방을 흐르는
대능하大凌河라 주장하는 이도 있습니다.
뚜안위차이段玉裁의 《說文解字注》에 따르면
'페이쉐이沛水는 랴오통辽東에서 나와
서남쪽으로 흐르다 바다로 들어간다'고 되어 있습니다.
그러나 이는 패수浿水로 바뀐 뒤고

패수沛水일 때는 늪이므로 흐르지 않습니다.

그런데 정말 늪지 물은 흐르지 않나요.

보기에만 흐르지 않을 뿐

물은 철저히 중력重力의 법칙을 따릅니다.

중重 자와 력力 자를 합하면 동動 자가 되지요.

따라서 중력은 그대로 운동의 법칙입니다.

위치 에너지에서 운동 에너지로 끊임없이 움직이는 힘이

패수沛水에도 반드시 적용되고 있습니다.

전패顚沛는 앞의 조차造次라는 말처럼

매우 짧은 순간을 일컫는 말입니다.

0383 아닐 비

대나무 상자를 뜻하는 말입니다.

아닐 비匪는 대광주리 비篚에서 왔습니다.

그런데 아닐 비匪 자에는 무엇이 없지요.

그렇습니다. 위에 얹힌 대 죽竹 부수가 없습니다.

대광주리에 대나무가 없다면 이는 대광주리가 아닙니다.

아닐 비匪 자에는 대 죽竹이 없고

대 죽竹 자가 없기에 '없다'는 뜻을 빌려

아닐비 비匪 자로 독립하게 된 것입니다.

'아니다' 라는 말은 부정사이지만

결코 '없다'는 뜻은 담겨있지 않습니다.

영어로는 No와 Not의 뜻으로 풀이되지만

우리말에서 없다와 아니다는 다릅니다.

대광주리든 대광주리가 아니든

옆으로 열린 상자 방匚 안에는

비菲란 녀석이 냉큼 자리 잡고 있습니다.

따라서 '없음'과 '아님'은 완전 다른 개념입니다.

아닐 비匪는 좌우로 날개를 활짝 펼친菲 새가

상자 안에서 퍼덕이고 있는 모습입니다.

접은 날개는 좌우가 함께하지만

펼친 날개는 서로 만날 수가 없습니다.

그러니 없는 것이 아니라 아닌 것이지요.

이는 가만히 있는 사람은

두 손을 잡을 수 있고 두 발을 모을 수 있지만

달리는 사람은 그렇게 할 수 없습니다.

한 사람의 두 다리이지만 만나지 못하고

두 팔이지만 맞잡을 수 없습니다.

이를 표현한 글자가 비匪입니다

한 방匚에 두 사람北이 등진北 모습입니다.

서로 등지고 있으면 얼굴을 볼 수 없지요.

비록 등을 맞대고 가까이 있으나

바라보는 각도는 전혀 다르겠지요.

그러나 '없다'고 표현할 수는 없습니다.

다만 뜻이 맞지 않을 뿐이므로

'없다'고 하지 않고 '아니'라 할 뿐입니다.

0384 이지러질 휴

虧

불쾌한 감정으로 인상이 일그러지다, 모자라다

부족하다, 줄다, 기울다, 이울다, 해를 입히다

탄식하다, 저버리다, 배신하다 따위와

손해, 유감, 실례지만, 무례인 줄 알지만, 덕분

다행하게 따위 뜻이 들어있습니다.

범호 엄虍이 부수고 새 이름 호雐 자가 소릿값입니다.

그럼 오른쪽에 붙은 울丂 자는 무엇일까요.

부수와 마찬가지로 뜻을 담고 있습니다.

어조사 우득, 땅이름 울득이라 새기는데
우득 자와 울득 자가 같은 글자입니다.
이 우득 자 울득 자 붙은 글자들은
깨지고 부서지고 더러워짐을 뜻합니다.
조차전패造次顚沛,
아주 짧은 시간이라도
절개와 의리와 청렴과 겸퇴는
잊어서는 안 된다는 가르침입니다.

<097>

성性정靜정情일逸
심心동動신神피疲

0385 **성품 성性**

0386 **고요할 정靜**

0387 **뜻 정情**

0388 **편안할 일逸**

성품이 고요하면 감정편하고
마음만일 움직이면 정신피곤해

性

만일 성품을 한자로 '性品'이라 쓴다면

성性도 하나의 품품이 된다는 얘기일 것입니다.

제품, 상품, 식품, 부품, 물품, 작품, 금품, 의약품, 비품

식료품, 약품, 진품, 합성품, 명품, 모조품, 장식품

가공품, 정품, 경품, 필수품, 기념품, 공산품

고미술품, 유제품, 기호식품, 세공품, 골동품

소모품 기타 등등 하듯이 말입니다.

품품이라면 품격이나 성품처럼

생각의 세계가 있을 수 있고

마음의 세계를 가리킬 수 있습니다.

3개의 입 구口 자가 모여 품품 자가 되듯

끝없이 이어지는 수다스러움을 가리키거나

토론이나 이야기일 수도 있을 것입니다.

그러나 품품이라고 하면

서너 개 물건을 포개고 쌓아놓은 것처럼

눈에 띄는 모습이 있고 소리가 있고

냄새가 나거나 맛이 느껴지거나

손으로 잡을 수 있거나 하는 물건입니다.

다시 말해 부피를 갖고 있거나

무게를 갖고 있는 어떤 물질일 것입니다.

옛선사들은 부르짖었습니다.

"성품을 보면見性 곧 부처成佛다."

"견성見性이 성불成佛이다."

성품이 물질이 아니고서야 보이겠습니까.

질량으로 표현될 수 없는 성품이

질량을 지닌 눈에 띄입니까.

만일 육안의 눈에 띄는 성품이라면

이 성품도 글자 그대로 품품이 되겠지요.

성품性을 보면 부처를 본다고 했는데

이는 성性이 양성이고 본질인 까닭입니다

그럼 성과 다른 정情은 어떻습니까.

성性과 정情이 다르다고요.

같은 심방변忄이라면 같은 마음 아니냐고요.

그렇습니다. 심방변忄을 부수로 갖고 있는 글자들은

내용이 대동소이할 수밖에 없습니다.

우선 큰 틀로 얘기하면

성性이 양성陽性으로 선험적인데 비해

정情은 음성陰性으로 경험적입니다.

태어날生 때 이미 지닌 마음忄이 성性이고

빛깔靑에서 생긴 마음忄이 정情입니다.

빛깔을 푸른靑색으로 표현했지만

빨강 파랑 노랑 초록 다 포함합니다.

세상에 태어나 만나는 빛과 색이

어찌 빨강丹 파랑靑 초록綠뿐이며

빨강 파랑 노랑뿐이겠습니까.

빨강 파랑 초록은 빛의 삼원색이고

빨강 파랑 노랑은 색의 삼원색입니다.

빛의 삼원색은 가산혼합의 바탕이고

색의 삼원색은 감산혼합의 바탕입니다.

가산혼합은 우리말로 색의 구분이 가능한데

감산혼합은 우리말로는 불가능합니다.

그래서 감산혼합의 색은 우리말 외에

시안 마젠타 노랑이라 표기합니다.

다시 말해 노랑은 노랑으로 구분이 되는데

시안은 파랑이라도 변형된 파랑이고

마젠타는 빨강도 아닌 것이 보라도 아닌 것이

표현하기가 실로 애매한 색입니다.

절을 다 짓고 나면 단청을 합니다.

물론 대궐이나 궁궐을 지은 뒤에도

단청을 하는데 여기에는 뜻이 있습니다.

첫째 좀을 방지하기 위함이고

둘째 목재가 빨리 썩는 것을 막기 위함이며
셋째 아름답게 장엄하는 데 뜻이 있습니다.
이 밖에도 단청의 의미는 있지만
단청의 기본은 붉음과 푸른색이기에
붉을 단丹 푸를 청靑 '단청丹靑'이라 합니다.
물리의 세계도 세 가지 색이 바탕이 되어
수천수만 가지 색을 나타내고
세 가지 빛이 기본이 되어
수천수만 가지 색을 나타내고 있습니다.
태어날 때 지니고 나온 성性도 성性이려니와
태어난 뒤 부딪치는 갖가지 환경에서
경험으로 느껴지는 정情은
정情 나름대로 더없이 소중한 것입니다.
이미 두루周 알다知시피
어느 소설가는《다정불심多情佛心》이라는
독특한 제목의 소설을 펴내기도 했습니다.
'다정'이야말로 부처에게로 다가가는
첩경이라고 생각한 것이겠지요.
메마른 독각 사상으로 성불할 수 있느냐지요.
보살의 다정함이 결여된 상태에서
이론으로는 부처의 세계를 뇌까리지만
실제로 성불은 아득하기만 하지요.

이번 주제는 성정性情입니다.

선성후정先性後情입니다.

그리고 양성음정陽性陰情입니다.

나는 멍즈孟子의 '선성후정' 논리와

'양성음정' 논리의 대척점에 서 있었던

전국시대 까오뿌하이告不害 선생

곧 까오즈告子의 '성유단수설性猶湍水說'을

일반적인 상식보다 상당히 높이 평가하는 편입니다.

성유단수설性猶湍水說은

사람의 본성은 여울물과 같다는 것입니다.

여울물의 흐름이 정해진 것은 아닙니다.

왜냐하면 물은 중력의 법칙을 따라

언제 어디서나 낮은 곳으로 흐르니까요.

만일 도랑을 동쪽으로 내면

여울물은 동쪽으로 흘러갈 것이고

서쪽으로 도랑을 낸다면

여울물은 서쪽으로 흘러갈 게 뻔합니다.

사람의 성품도 이와 같아

천성적으로 착하지도 않거니와

꼭 악하다고만 할 수도 없다는 것입니다.

까오즈에 관한 이야기는 《멍즈孟子》 제6편

까오즈장구告子章句에 나오는데

어려서 10대 중반에 《孟子》를 읽을 때는
솔직히 무슨 내용인지 잘 몰랐습니다.
그 후 1979년 2월 11일이었습니다.
해인사 승가대학에서 대교과정을 마치고
졸업장을 받은 뒤 나는 눌러앉았습니다.
한 달 동안 경학원經學院에 처박혀
거의 밖을 나오지 않았습니다.
3월 초순까지 꼬박 한 달간
나는 비구율장인 《사분율四分律》 60권을
그야말로 단숨에, 단숨에, 단숨에 읽어내려갔습니다.
당시까지는 율장이 번역된 게 없었습니다.
밥 먹는 시간을 비롯하여
해우소解憂所 가는 시간과
밤에 잠잘 시간을 제외하고는
매일 15시간을 경학원에서 지냈습니다.
그 후 지금까지 그때만큼
책에 파묻혀 보낸 시간이 없었던 듯싶습니다.
사분율 60권을 한 달 동안 다 읽는 것은
사실상 무리였지만 나는 읽었습니다.
그때 곁들여 읽은 책이 바로 《孟子》였지요.
어렸을 때는 멋모르고 읽었는데
대교를 졸업하고 《사분율》을 읽은 뒤

性靜情逸

읽어가는《孟子》의 맛은 참 향기로웠습니다.

지금도《孟子》하면 가장 남는 대목이

'양후에이왕장구梁惠王章句'와

바로 이 '까오즈장구告子章句'입니다.

멍즈孟子는 대단한 인물입니다.

자기와 대척점에 있던 까오즈를 받아들여

오히려 자신의 어록을 빛낸 사람이었으니까요.

요즘 우리 학계에서는 논문을 쓰면서

자신의 생각을 높이기 위해서랄까

제자들을 비롯하여 남의 글을 인용하면서

인용한 곳의 출처 밝히기를 꺼리고 있습니다.

한 마디로 짧게 얘기한다면

표절이고 지식의 도둑질입니다.

학자로서의 양심을 저버리는 일입니다.

성性은 선천적으로 지니고 태어났고

정情은 후천적으로 환경 따라 생겼지요.

성性은 양성陽性의 언어이고

정情은 음성陰性의 언어입니다.

하지만 까오즈의 성유단수설 내용은

참으로 날카롭기 그지없습니다.

성性정靜정情박일逸

靜

푸를 청青 자가 부수며 뜻이고

다툴 쟁爭 자가 소릿값에 해당합니다.

앞에서 보듯 청青은 빛깔입니다.

파랑青을 포함하여 색의 총칭이지요.

다시 말해 컬러Color의 뜻입니다.

소릿값 다툴 쟁爭 자는

손톱 조爪와 붓 율聿의 합성으로서

있는 힘을 다해 붓자루를 움켜 쥠입니다.

또 손톱 조爪 자가 왼손이라면

붓 율聿 자는 오른손을 뜻합니다.

긴장관계를 뜻할 때 쟁爭으로 표현되는데

고요하다靜는 것도 마찬가지입니다.

빛깔과 빛깔이

사물과 사물이

서로 잡아당기다 보니

긴장이 팽팽하게 유지되면서

고요해진다는 뜻으로 풀이된 것입니다.

情

성性 자를 풀이할 때 의미가 드러났습니다.

정情이란 푸른靑 마음忄 입니다.

젊은 마음이며, 풋풋한 마음이며

온갖 빛깔靑로 드러낼 수 있는 마음忄 입니다.

이 마음忄 은 환경靑으로 인해 생기며

사랑하는 인연靑으로 생긴 마음忄 입니다.

남녀 간의 사랑愛이 국한적이라면

정情이란 남녀 간을 뛰어넘어 포괄적입니다.

정이란 사물에게서도 생기고 사람에게서도 생깁니다.

애인에게서도 생기고 벗에게서도 생깁니다.

책을 사랑하고, 자동차를 사랑하고, 애완견을 사랑하고

술과 담배를 사랑하고, 골프를 즐기고,

온갖 스포츠를 즐기고, 승마를 즐기는 것도 사랑이지만

남녀 간의 사랑, 사람 사이의 사랑은 그냥 사랑이 아니라

사랑보다 더 포괄적인 정情이고 또 정情입니다.

성性정靜정情일逸

0388 편안할 일

逸

편안할 일逸로 새기지만

본뜻은 달아날 일逸 자입니다.

바로 책받침辶이 부수인 까닭입니다.

이 부수辶, 또는 辵일 경우 움직임의 뜻입니다.

토끼兔는 달아날 때 편안함을 느낍니다.

머물러 있을 때는 늘 불안하지요.

토끼 귀가 큰 것은 불완전한 시각을 보충하기 위함이고

끊임없이 갉아댐은 설치류의 속성입니다.

토끼를 비롯한 설치류들은

시력이 약하고 청력이 강합니다.

언제나 달아날 준비는 되어있으나

천적이 가까이 왔을 때만

그들에게 주어진 본능인 도주거리Flight distance를

마음껏 활용하여 재빠르게 달아납니다.

달아나면서 편안함을 느끼는 것은 사람도 마찬가지입니다.

천재지변이나 어떤 인재를 당했을 때도

현장으로부터 멀어지면 멀어질수록

느끼는 편안함, 안도감이란 게 있습니다.

생명을 가진 존재는 도전을 즐기지만

본능적으로 끊임없이 달아나고 있습니다.

인간은 평생을 죽음으로부터

쫓기고 쫓기고 또 쫓기고 있지만

달아나는 거리에 비례가 아니라

반비례로 점점 죽음과 가까워지고 있습니다.

그래서 옛선사들은

죽음으로부터 달아나는 법을 배우지 않고

죽음과 삶을 공존시키는 방법을

끊임없이 닦고 끊임없이 익혀온 것입니다.

달아나라,

그대여!

너의 욕망으로부터

그대여,

달아나라!

마침내 편안함이 따라오리니

098

성性정靜정情일逸

심心동動신神피疲

0389 **마음 심心**

0390 **움직일 동動**

0391 **귀신 신神**

0392 **가쁠 피疲**

본성품이 고요하면 감정편하고

마음만일 움직이면 정신피곤해

心

어느 날 제자가 스승에게 여쭈었습니다.

"큰스님. 마음을 어찌 표현할까요?"

"삼성반월三星半月이니라."

"삼성반월이라시면?"

"세 개의 별들 사이에 낀 반달이니라."

"----?"

제자가 답이 없자 스승이 되물었습니다.

"어찌하여 답이 없는 것이냐?"

제자는 무슨 뜻인지 알 수가 없었습니다.

세 개의 별들 사이로 뜬 반달을

아무리 머리에 떠올려 보지만

영 뾰족한 답이 나오질 않습니다.

제자가 겨우 물음을 준비하여 물으려는데

느닷없이 주장자가 날아왔습니다.

정수리에 '딱!'하고 떨어지는 주장자를

미처 피할 겨를도 없이

스승의 일갈이 귓전을 때렸습니다.

"헤아리지 말지니라."

얼얼한 머리를 만지려 손을 올리는데

이번에는 오른쪽 옆구리로 날아들었습니다.

쿡! 스승의 주장자 소리가 아니라

옆구리에 날아든 주장자를 미처 피하지 못해

제자의 입에서 나온 비명이었습니다

제자는 불현듯 생각이 떠올랐습니다

'이번에는 아마 왼쪽 옆구리겠지~!'

왼쪽 옆구리에 날아들 주장자를 생각하며

스스로 자신을 대견스레 여기는데

스승의 주장자는 또 오른쪽 옆구리였습니다.

스승의 일갈이 고막을 때렸습니다

"삶이란 같은 길을 두 번 걷지 않느니라."

이 말씀 한 마디에 제자는 일어나

스승에게 큰절로 삼배를 올리고 앉았습니다.

제자의 표정에서 움직임이 사라졌습니다.

생각의 움직임이 느껴지지 않았습니다.

스승이 인가했습니다.

"바야흐로 장부가 할일을 마쳤구나!"

제자가 말했습니다.

"큰스님. 좌복 밑을 잘 살피십시오."

스승이 고개를 숙이며 "어디 어디?"하는데

스승의 손에서 주장자를 빼앗아

스승의 정수리를 '쿵!' 하고 내리쳤습니다.

전광석화電光石火와 같았습니다.

스승이 옆구리를 경계하는데

제자의 주장자가 스승의 정수리에

다시 한번 '쿵!' 하며 세차게 떨어졌습니다.

"큰스님과 같은 길을 가지 않겠나이다."

드디어 스승과 제자는 얼싸안았습니다.

제자의 말에 스승도 할일을 마쳤습니다.

'반월삼성心'이 경계를 따라

흔들리지 않는 경지에 머물게 되었습니다.

어쩌면 지구상에서 '마음' 만큼

많은 이름씨名詞를 가진 것도 드물 것입니다.

또 마음처럼 앞에 그림씨形容詞로 표현됨이

과연 얼마나 될지 골똘히 생각해봅니다.

왜냐하면 마음의 세계라고 하는 것은

시각으로 볼 수 없으며

청각으로 들을 수 없고

후각으로 맡을 수 없고

미각으로 맛볼 수 없고

촉각으로 만질 수 없고

생각으로 생각해낼 수 없는 까닭입니다.

심心을 動신靜피彼疲

이름씨로 놓고 보더라도

마음, 뜻, 의지를 비롯하여

생각, 염통, 심장, 가슴, 근본 또는 본성

가운데, 중앙, 중심, 도 닦는 본원, 꽃술, 꽃수염

별자리 이름, 보살이 행하는 관법수행, 곧 진수眞修와

고갱이, 알맹이, 생각하다 따위가 있습니다.

어떤 고정된 형태의 틀,

이를테면 폼form을 갖고 있다면

우리는 쉽게 표현할 수 있을 것입니다.

사과, 돼지, 코끼리, 안경, 소나무, 튤립 등

형태를 갖고 있는 것은 한 번 척 보면 무엇을 뜻하는지

본 적이 있는 이는 곧바로 알 수가 있습니다.

그래서 사람들은 얘기합니다.

"이 세상에서 귀신 그리기가 가장 쉽다.

아직 아무도 귀신을 본 적이 없으니까."

대충 아무렇게나 그려놓고

"이게 귀신이야" 라고 하면 믿을 수밖에 없습니다.

그림 그린 사람도 그림을 느끼는 사람도

귀신을 본 적이 없고 귀신을 만나고 싶지도 않습니다.

아으! 삼성반월三星半月이면 어떻고

반월삼성半月三晟이면 또 어떻습니까.

심心동動신神게偈 방坊

動 / 动

소설가 이문열 선생이 1988년에 낸

장편소설《추락하는 것은 날개가 있다》가 있습니다.

내용도 내용이지만 소설 이름이 참 좋습니다.

추락하는 것은 무게가 있습니다.

이유는 다름 아닌 질량이 있기 때문입니다.

질량이 있는 것은 반드시 움직입니다.

그럼 질량이 없는 것은 움직이지 않나요.

질량이 없으면 으레 움직임이 없습니다.

옛날 한자를 만든 사람을 생각해봅니다.

물리학이 고도로 발달하기 전인데

어떻게 움직일 동動 자가 중력重力일까요?

그래비티gravity가 중력으로 풀이되는 것도

동서문화의 놀라운 동질성이지만

중력重力에 움직임動의 법칙이 들어있음은

실로 절묘하다 못해 표현이 불가능不可能합니다.

나는 평소에는 무심코 지나치다가도

고속도로 휴게소 남자화장실 옆에 있는

여자화장실 푯말을 유심히 들여다보곤 합니다.
꼭 고속도로 휴게소가 아니더라도
어디서나 자주 접할 수 있는 일입니다.
남자man와 여자woman의 표기,
엎드린 꼴의 m과 누운 꼴의 w에서
가끔은 살풍맞은 상상을 하기도 합니다.
그러나 man은 그렇다 하더라도
woman의 wo는 오직 여성들만이 간직한
애기집子宮womb에서 따온 말입니다.
한자에 여女 자를 대할 때 뭐라고 새깁니까.
우리나라에서는 '계집 녀女'로 새깁니다.
문제는 비속어로 갈래지어진 '계집'이지요.
'계집 녀女' 자를 새길 때를 제외하고
여성에게 '계집'이란 대명사를 쓸 수는 없습니다.
한글학자들은 얘기합니다.
'계집'이란 '겨시다'와 '집'의 합성어로
'집에 겨시다'가 '집에 계시다'로 전환하고
이름씨로 바뀌면서 '계집'이 되었다고 합니다.
예로 올케는 '오라비 계집'의 준말이지요.
이 '계집'의 뜻이 잘못이라고 보지는 않습니다.
그러나 영어의 woman과 견주어볼 때
'애기집子宮womb'을 지닌 이로 풀 수 있습니다.

293

삼心도動신째피疾

우리의 '계집'의 '집'은 주택의 뜻인데

내가 말하는 '계집'의 '집'은 애기집의 뜻입니다.

여성을 주택이란 공간에 묶어두는

규방閨房 문화에서 해방시킬 때가 지났습니다.

애기집은 고귀한 생명을 잉태하고 길러내는

더없이 소중한 몸의 구조입니다.

애기집은 소중함을 넘어서 성스럽습니다.

애기집을 간직한 여성 '계집'이란 말과

움womb을 지닌 사람man으로서의 여성은

문화를 하나로 이어주는 멋진 다리입니다.

참고로 영어 툼Tomb이 무덤입니다.

요람Womb에서 무덤Tomb까지

같은 구조 같은 느낌이 영어에는 있습니다.

그렇다면 우리말에서는요?

움은 '움막'의 준말로 이승집의 뜻이고

삶을 마감한 뒤 쉬는 무덤은 저승집으로

움womb의 형국을 제일의 명당으로 치고 있습니다.

아무튼 이와 같이 움직일 동動 자를

파자했을 때 중력重力으로 풀이되는 것은

여성을 '애기집을 간직한 사람'이란 뜻에서

우먼woman이란 말처럼 매우 절묘합니다.

운동動 에너지kinetic energy는

바로 중력重力을 바탕으로 하고 있지요.

운동 에너지가 발생하기 위해서는

위치 에너지potential energy가 없이는

도저히 생겨날 수 없는 법칙입니다.

움직일 동動 자는 힘 력力이 부수이고

무거울 중重 자가 소릿값입니다.

동動 자를 형성문자로 보고 있습니다만

부수인 역力 자에만 뜻이 있는 게 아니라

소릿값인 중重 자에도 내재되어 있습니다.

일천千 마을里은 작은 게 아닙니다.

여기서 일천 마을은 마을의 숫자이기도 하지만

서울 강동구의 천호동千戶洞처럼

천여 호가 살았다 하여 천호동이기도 합니다.

일천千 마을里이라 가볍게 볼 수 없다 하여

무거울 중重으로 새기게 되었고

일천 마을을 높은 산에서 내려다보면

배산임수背山臨水, 산을 등지고 지어진 집들이

마치 집 위에 집이 있는 것처럼 보여

겹칠 중重 자로 새겨졌을 것입니다.

중첩重疊의 문화형성은 달동네에서 왔습니다.

그리고 이들 수많은 사람들이 뭉쳐

삶을 움직이는 동動의 문화로 자리잡았습니다.

심心동動신神口疾

0391 귀신 신

神

보일 시示가 부수일 때 신과 관련이 있지요.
신神은 예측불허의 존재자입니다.
예전에는 천둥 번개를 신의 조화라 했습니다.
과학의 발달로 지금은 천둥 번개가
어떻게 해서 일어나는지 다들 알고 있지요.
그럼에도 불구하고 강력한 번개와 함께
고막을 갈갈이 찢을 듯한 천둥에
과학의 잣대만으로 편안하지는 않습니다.
탄자니아Tanzania 킬리만자로山
마랑구Marangu 게이트 옆 2,000고지에 살 때입니다.
지금은 수도 다레살람의 학교부지와 함께
조계종단에 무주상으로 기증하여
'보리가람농업기술대학교'를 세웠으며
2016년 9월 가을학기부터 개교하였습니다.
한국불교 아프리카 최초의 불교 학교를
인터넷에서 이미지로 보실 수 있습니다.
킬리만자로 산기슭 2,000고지는

身心動動신神피병病

우리나라 최고봉 한라산 정상 높이입니다.

우기가 되면 번개가 치고 우레가 웁니다.

그런데 워낙 벼락이 잘 떨어져

엄청난 소나기가 지나가고 나면

검게 타버린, 벼락 맞은 나무가 즐비했습니다.

1분에 30여 차례 이상을 콩 볶듯 하면

나도 현지인들도 번개가 무서워

집밖으로 나가지를 못했고

그들도 신의 조화라 믿곤 했습니다.

그리고 중얼거리며 손을 맞잡습니다.

"오, 신이시여! 당신을 배신하지 않겠나이다."

"오! 신이시여! 앞으로 올곧게 살겠나이다."

이 번갯불을 표현한 글자가 신申 자입니다.

심신동신神과 疾

疲

맥이 풀리거나 고단하여 기운이 없다, 피곤하다, 지치다

고달프다, 느른하다, 게으르다, 싫증나다,

야위고 살이 빠지다

늙고 노쇠하다, 병상에 누워 지쳐있는 모습 등입니다.

마음!

마음이

움직이면

정신이 피곤하다.

마음!

찾으려고 애쓰지 말라.

찾으면 보이지 않으리니

마음!

애써 비우려 하지 말라.

비우려면 비울 게 없나니

마음!

채우려고 애쓰지 말라.

채울 것들이 하나도 없나니

심心동動신神피疲

<099>

수守 진眞 지志 만滿
축逐 물物 의意 이移

0393 **지킬 수守**

0394 **참 진眞**

0395 **뜻 지志**

0396 **찰 만滿**

진실함을 지키므로 마음이차고
사물만을 따라가면 뜻도변한다

0393 지킬 수

守

수구섭의신막범守口攝意身莫犯

여시행자능득도如是行者能得道

입을 잘 지키고

뜻을 잘 조섭하며

몸을 함부로 하지 말라

이와 같이 수행하는 자는

능히 도를 얻을 수 있느니라

－ 치악산 구룡사 심검당尋劍堂에서(1975.4)－

수守진眞지止만滿

문공文公의 자리에 올랐던 사람으로

쭈시朱熹Zhuxi(1130~1200)가 있었습니다.

그는 난쏭南宋의 정치인이자 철학자며

신유학으로 불리는 송학宋學의 권위자입니다.

쭈시를 콩즈, 멍즈, 라오즈, 쭈앙즈처럼

성 뒤에 '자子'를 붙여 쭈즈朱子로 올렸습니다.

신유학을 받아들인 삼봉 정도전으로부터

정암 조광조, 퇴계 율곡에 이르기까지

조선조 많은 성리학자性理學者들은
콩즈나 멍즈보다 쭈즈를 더 높게 평가했습니다.
그런 그가 《明心寶鑑》〈存心篇〉에서
짧지만 꽤나 유익한 말을 남겼습니다.

수구여병守口如瓶/입 지키기를 병처럼 하고
방의여성防意如城/뜻 단속하길 성처럼 하라
심불부인心不負人/남에게 마음 빚이 없으면
면무참색面無慙色/부끄러울 낯이 없느니라.

절에 들어오기 8년 전에 읽은 구절인데도
내용이 머리에서 사라지지 않았습니다.
1975년 3월도 거의 끝나갈 무렵
나는 치악산 구룡사에 올라가
당시 총무였던 삼현 스님에게
내 더벅머리를 통째로 맡겨버렸습니다.
스님은 누각 옆 반송 너럭바위에 나를 앉히고
T자형 양날 면도기를 집어들어
아예 한쪽을 따내버리는 거였습니다.
그리고 스님이 내게 한 말씀이
위의 글 '수구섭의신막범' 등이었지요.
게다가 해설까지 곁들었습니다.

수구진眞지혼민襤

삼현 스님의 법설을 들으며 삭발하는 동안

해그림자는 점점 짧아져 가고

시원하게 깎여나간 맨머리를 어루만지며

수각水閣에서 머리를 감았습니다.

앞으로의 삶은 수섭막守攝莫이었습니다.

지키고 조섭하고 하지 않음이었습니다.

입을 지키고 뜻을 거두고

몸을 함부로 하지 않음이었습니다.

사실 수행자가 입과 생각과 행동을 떠나

따로 무엇을 다스리겠습니까.

그런데 40여 년이 훌쩍 지나가고

다시 몇 달이지만 이론만 그러할 뿐입니다.

수행은 되려 당시만 못한 게 확연합니다.

지킬 수守 자는 부수 집 면宀 자에

작은 세계, 마음의 세계 마디 촌寸 자입니다.

이 '마디'는 앞의 '마디 절節'의 마디와

전혀 다른 마디라 할 것입니다.

절節의 마디가 물리의 세계라고 한다면

이 촌寸의 마디는 실존實存의 세계입니다.

실존이란 직역하면 '실제로 있다'이지만

정신세계를 얘기할 때 주로 쓰입니다.

물질세계는 외부환경에 따라

수수진眞지촌막撮

끊임없이 변화에 변화를 거듭하지만
마음은 외형처럼 바뀌는 게 아닙니다.
제행諸行은 무상無常일지라도
열반의 세계 곧 깨달음은 적정寂靜입니다.
지킨다는 것은 입만이 아니라
뜻도 지켜야 하고 몸도 지켜야 합니다.
조섭한다는 것은 뜻만이 아닙니다.
입도 조섭하고 몸도 조섭해야 합니다.
함부로 하지 말아야 하는 게 몸뿐이겠습니까.
입도 뜻도 함부로 하면 안 되겠지요.
따라서 지키고 조섭하고 하지 않음은
언어와 마음과 행동에 고르게 해당합니다.

0394 참 진

眞

참이란 거짓이 아닌 사실 그대로입니다.
눈에 보이는 그대로의 모습이며
귀에 들리는 그대로의 소리며

코끝에 풍기는 그대로의 내음이며

혀끝에 와 닿는 그대로의 맛이며

손끝에 느껴지는 닿음 그대로입니다.

정신의 세계도 그냥 꾸밈없음일 뿐이지요.

어떠한 변화ヒ에도 흔들림 없고

어떤 가림막ㄴ으로 가리더라도 드러나고

온갖八 방향方에서 살펴目보더라도

참 존재는 여일하다 하여 진眞이지요.

참 진眞자의 다른 글자眞가 있습니다.

변화ヒ를 뜻하는 머리글이

팔방을 포함하여 위아래를 뜻하는 세계

시방의 십十으로 바뀌었습니다.

가림막ㄴ은 눈目을 올려놓는

성스러운 테이블로 바뀌었습니다.

참의 중심은 봄目입니다.

위아래 사방팔방에서 살펴보더라도

전혀 손색이 없는 것이 다름 아닌 진真입니다.

변화란 사물의 본 모습無常입니다.

사물은 끊임없이 변화합니다.

변화란 없어짐이 아닙니다.

정형화된 틀frame이 없을 뿐입니다.

생겨나고生 사라지는滅 세계가 아니라

모습을 달리할 뿐 있다가 없어지고

없다가 생겨나는 게 아닙니다.

그저 일정한 모습常이 없을無 뿐입니다.

지킴이 영어로 디펜드defend라면

무엇을 지킨다는 뜻일까요.

지켜야 할 목적어가 무엇이겠습니까.

참되고 실다움眞實입니다.

영원히 죽지 않는 불사不死의 세계입니다.

나고 죽음의 세계가 아닙니다.

스스로 그러한 대자연大自然이며

프로퍼티property 곧 자산資産입니다.

이 자연의 자산으로 진실을 넘는 게 있을까요?

수수진眞지志민滿

0395 뜻 지

志

대승불교 경전 가운데서 양대 불교문학을 들라고 한다면
나는 서슴없이 법화경法華經과 화엄경華嚴經입니다.
법화경은 본이름이 《묘법연화경》으로서
모두 7권 28품으로 구성되어 있고
화엄경은 80권본 60권본 40권본이 있는데
본이름이 《대방광불화엄경》입니다.
경전에 따라 경전의 부피가 다르고
구성에 약간의 차이가 있습니다.
법화경도 그렇지만 특히 화엄경은
액자구조frame structure 문학입니다.
조반니 보카치오(1313~1375)가 쓴 소설에
유명한 《데카메론Decameron》이 있습니다
데카메론의 특징이 액자구조 문학이지요.
이야기 속의 이야기~
다시 그 속에서 이야기가 펼쳐지는 구조
이를 우리는 액자구조라 부릅니다.
그런데 《묘법연화경》도 그렇지만

실로 《대방광불화엄경》은 분명합니다.

액자구조 문학이 맞습니다.

화엄경이 철학 종교가 아니라 문학이라고요?

화엄경이라는 전체적 액자frame 속에서

선재동자와 쉰세 분 선지식의 만남은

진리를 논하는 그러한 아름다움보다

사람과 사람의 만남을 통해 나누는 얘기가

지극히 인간적이라는 게 내 느낌입니다.

뜻 지志 자가 간직하고 있는 '뜻'도 좋으나

나는 뜻 지志 자의 또 다른 뜻

프레임frame을 좋아합니다,

지志는 프레임입니다

생각의 프레임입니다

마음의 프레임입니다

슬기의 프레임입니다

사랑의 프레임입니다

아픔의 프레임입니다

슬픔의 프레임입니다

진리의 프레임입니다

진여의 프레임입니다

열반의 프레임입니다

기전체紀傳體 역사에서 제왕의 일을 기록한 본기本紀와

307

많은 사람의 전기를 차례로 벌여서 기록한
열전列傳을 제외한 기록물을 지志라 합니다.
여기에는 하늘의 세계와 땅의 이치를 비롯하여
예절과 음악, 사랑과 미움, 시와 문학, 전쟁과 평화
예술과 스포츠, 삶과 죽음 정치와 형벌 등에 이르기까지
다양하지만 이들 기록물을 보통 '지志'라 합니다.
중국에는 사대기서四大奇書가 있습니다.
곧《三國志演義》를 비롯하여
종교 문학《西遊記》가 있는가 하면
사랑의 서사시《金甁梅》가 있고
사적事跡 소설《水湖志》가 있습니다.
'水湖志'는《水滸志》라고도 이름하는데
같은 내용을 달리 표기한 것입니다.

어찌 같은 이름에 다른 표기가 있었을까요.
사투리地方語 때문이거나
필사본이 대세였기 때문일 것입니다.
시놉시스synopsis를 공개하라고요?
한 번 직접 읽어보시길 권합니다.
이들 사대기서를 비롯하여
조선 인종 때 홍만종(1642~1725) 선생이
보름만에 쓴 문학평론집《순오지旬五志》는
대한민국 사람이라면 자긍심을 갖고

한 번쯤 읽어볼 만한 명저 중의 명저입니다.
우리나라 《순오지》가 '지志'입니다.
이 말은 이들 '지志'의 책을 읽을 때
지志가 뜻하는 프레임 구조에서 읽어가면
장담하건대 재미가 배는 더하고도 남을 것입니다.
법화경과 화엄경
서유기와 수호지
야한 이야기의 성인소설 금병매가
보카치오의 《데카메론》보다 나으면 나았지
결코 못하다고는 할 수 없습니다.
뜻 지志 자는 마음 심心 자가 부수며
선비 사士 자는 소릿값입니다
뜻 지志 외에 '기치 치志'로도 새깁니다
같은 뜻 다른 글자로는 뜻 지旨, 뜻 지恉, 뜻 지恉
뜻 지助(때 시时/時와 같은 자)가 있습니다.

0396 찰 만

滿

삼수변 氵이 들어간 것으로 보아

사람이 많이 모인 게 아니고

물건이 가득 참도 아니며

방앗간에 참새가 가득히 모인 것도 아닙니다.

기본 의미는 물이 그릇에 가득 차고

술이 잔에 가득 차고

호수에 물이 찰랑찰랑함입니다.

소릿값 만滿 자는 좌우가 평평함인데

스물 입卄 자는 수평을 가늠하는

물이 담긴 수평 호스hose에 해당합니다.

왼쪽에도 오른쪽에도 똑같이 열 십十 자로

물의 높이를 맞추는 호스 그래프지요.

아래에 놓인 수건 건巾 자는 수건의 의미도 있지만

호스 그래프hose graph에서

아래로 길게 연결된 막대 l 를 통해

역시 빈틈이 없음을 보여주는 것입니다.

아래로 튼 입구冂 양쪽으로

들 입入 자를 가득 차게 그려넣은 것은

넓은 공간冂 아래서 위ㅣ까지

빈틈없이 물이 차올랐다는 뜻입니다.

나중에는 물뿐아니라 빈 공간 없이 꽉꽉 차는 것을

일컫게 되었다고 보면 될 것입니다.

차다, 가득 차 있다, 가득하다, 그득하다, 풍족하다

만족하다, 흡족하다, 이르다, 미치다, 꽉 채우다

교만하다, 아주, 전혀, 모두의, 중국 만주滿洲의 줄임말

제 돌이 꽉 찬 것을 나타내는 말 등이지요.

수진지만守眞志滿

서우전지만shouzhenzhiman

나는 염불 외듯 욉니다.

진실함을 지키므로 마음이 차고

진실함을 지키므로 마음이 차고

진실함을 지키므로 마음이 차고 etc.,

지志=마음의 틀frame of mind

아! 마음에도 틀frame이 있구나!

<100>
수守진眞 지志만滿
축逐물物의意이移

0397 쫓을 축逐

0398 물건 물物

0399 뜻 의意

0400 옮길 이移

진실함을 지킴으로 마음이차고
사물만을 따라가면 뜻도옮긴다

逐

쫓다, 쫓아내다, 뒤쫓다, 뒤따라가다, 도망가다

달리다, 다투다, 따르다, 찾다, 추구하다, 방탕하다

하나하나, 차례대로까지는 '축'으로 새기고

이익을 쫓아 급급한 모양일 때는 '적'이며

돼지를 언급할 때는 '돈'으로 읽습니다.

급급한 모양 적逐 자로도 새기고

돼지 돈逐/豚으로도 읽습니다.

음식 메뉴에 '돈豚가스'가 있습니다.

원 이름은 포크 커틀릿pork cutlet인데

일본을 거치면서 이름이 바뀝니다.

포크pork는 '돼지 돈豚:逐'으로

커틀릿은 카쓰레쓰katsuretsu로 발음하다가

레쓰가 탈락된 카쓰 앞에 돈豚을 붙여

통ton카쓰katsu가 되었습니다.

이를 다시 받아들인 우리나라에서는

'돈까스'로 전해지게 된 것입니다.

이런 전래문화에서 본다면

축逐문물의意이移

소고기를 재료로 하는 커틀릿 역시

일본을 거쳐 우리나라에 보급되었으니까.

비프까스가 아니라 '우牛카쓰'여야 하겠지요.

그런데 비프까스는 다릅니다.

원어 '비프beef 커틀릿' 그대로 옮겨온 뒤

처음부터 '카쓰레쓰'의 '레쓰'가 탈락된

카쓰 앞에 곧바로 비프beef를 얹었습니다.

따라서 돈까스는 한자 돈豚으로 바꾸었고

비프까스는 한자 우牛 자가 아닌

영어 비프를 그대로 얹어 부르게 되었습니다.

일본어 벤토를 도시락으로 바꾸고

본드를 접착제로 바꾸고

야채를 채소로 바꾸고 하는 둥

일제 잔재를 털어버린다고 하면서도

돈까스 비프까스는 원어로 바꾸지 않습니다.

원어 포크 커틀릿이나

비프 커틀릿이 발음하기 어렵다면

돼지고기 튀김이나 쇠고기 튀김 등으로

알맞게 바꿀 수도 있을 텐데 말입니다.

예전의 '쇠고기'가 요즘은 '소고기'라면서요.

문화도 계승하면서 만들어가는 것입니다.

우리는 가끔 얘기합니다.

"좋은 우리말 두고 왜 외래어를 쓰느냐?"

그런데 이 외래어 반감문화는

대부분 일본어에 국한되어 있습니다.

그도 그럴 수밖에 없는 것이

우리나라에 끼친 나쁜 영향 때문입니다.

그 예전은 접어두고라도

조선조 임진왜란에서부터 구한말까지

일본이 우리에게 저지른 만행의 한은

두고두고 떨쳐버린다 하더라도

결코 쉽게 청산淸算하기 어려울 것입니다.

쫓을 축逐은 부수가 책받침 입니다.

책받침을 부수로 갖고 있는 한자는

자전字典에 자그마치 265자나 되는데

한결같이 이동移動의 의미가 있고

그리고 움직임의 뜻을 지니고 있습니다.

이동이 아니고 움직임이 아닌데도

책받침을 부수로 지닌 글자들이 있습니다.

이동은 정지를 포함하고 쉼을 포함합니다.

마치 근무 중 잠깐의 휴식이 근무에 포함되듯

어떤 정지도 운동의 다른 모습이고

어떤 쉼도 일의 한 단면입니다.

닷새 일하고 이틀 쉬는 것을 두고

이틀은 논다고 보는데

노는 게 아니라 일을 위한 휴식일 뿐입니다.

낮에 일하고 밤에 쉬는데

그 쉼 역시 일의 다른 역할입니다.

쫓을 축逐 자는 이미지가

어린 돼지새끼들을 쫓는 모습입니다.

돼지새끼들이 잘 잡힙니까?

생각보다 쉽지 않지요.

오죽하면 각축角逐이란 말이 나왔겠습니까.

0398 물건 물

物

'물건'이란 단어의 사전적 풀이는 생략합니다.

그러나 어찌하여 물건 물物 자가

소 우牛 변에 말 물勿 자인지는 알아야겠지요.

사람에게도 '물건'이란 표현을 쓸 수 있습니다.

중국이 낳은 위대한 선사 후에이넝慧能이

자신을 찾아온 한 납자衲子에게 묻습니다.

"썸머우 쪄머라이什麼物 這麼來?"

뭐 하는 물건인데 이렇게 왔느냐는 것입니다.

사람에게 '물건'이라고 표현함이

그다지 어설픈 단어가 아니란 뜻입니다.

'썸머什麼'와 '쪄머這麼'는 문어체가 아닙니다

그냥 일상적인 구어체 언어입니다.

구어체라는 것이 요즘 와서만이 아니라

1,400여 년 전후에도 으레 쓰였지요.

그리고 선어록에는 문답의 많은 부분이

구어체를 섞어 기록되어 있습니다.

이들 구어체로 된 문답 내용을

우리나라에서는 문어체로 풀이하면서

구어체가 갖는 매우 솔직하고 구수한 맛을

제대로 알리지 못하고 있습니다.

스님네들이 '이 뭐꼬是甚麼'화두를 놓고

이 시是, 심할 심甚, 작을 마麼 하면서

한문으로 풀려하는데

중국어를 한두 시간만 공부하면

바로 풀릴 수 있는 구어체 언어입니다.

그냥 '뭘까?'라는 뜻으로 알고

'시썸머是甚(什)麼'로 발음하면 됩니다.

쏘리, 오케이, 땡큐를 생각해가면서 답하나요?

畜遂物物의뜻이移

워낙 익숙한 단어들은 저절로 나옵니다.

옛 선사들이 "헤아리지 말라!"고 다그침은

구어체로 문답을 주고 받으며 자연스럽게 한 말들입니다.

가령 제주특별자치도 지방어에서

'감수광' '혼저옵서예' 등을 문어체로 풀거나

전라도 지방어 '앗따 성님'

충청도 사투리 '왔슈?'

경상도 구어체 '어서 오이소'

강원도의 '여가 동강이래유!' '우티게' 등을

문어체로 읽고 풀어나가려면 맛이 안 납니다.

육조와 제자들 사이에 오고간 문답도

구어체로 읽고 구어체로 느껴야

오간 문답의 뜻을 제대로 맛볼 수 있습니다.

아무튼 사람을 두고 '물건'이라 한 예는

여러 군데서 엿볼 수 있습니다.

아예 '인물人物'이란 말에 끼워넣기도 합니다.

예전에는 사람과 가까운 것으로 말이나 소를 내세웠습니다.

하지만 말은 일반 백성들이 칠 수 없었지요.

그러나 소 치는 일은 누구나 가능했는데

농사를 지어야 했으니까요.

백성 민民 자가 어디서 왔는지 아십니까.

소에 메워 논밭을 가는 쟁기에서 왔습니다.

성씨 씨氏에서 왔다고도 하지만

내가 보기에 백성 민民 자는 농기구입니다.

다른 말로 백성의 일은 농사였습니다.

농사를 짓는 데 필요한 일꾼 소가

물건 중에서는 대표적이었기에

소우변牜에 소릿값 물勿 자를 붙였습니다.

그런데 하필이면 말 물勿 자였을까요.

소가 지닌 갈기며 터럭이며

뚜벅뚜벅 걷는 네 개의 다리였습니다.

또는 물勿 자가 갖가지 빛깔을 나타내므로

물物이 얼룩소를 의미한다고 하는데

농사짓는 데는 얼룩소보다

그냥 일반적인 소가 어울리지 않았을까요.

물物이라는 글자가 보편적이듯이

중요한 얘기가 하나 있습니다

물건 물物 자와 부처 불坲 자가 같이 쓰입니다.

부처 불坲 자는 흙으로 빚은 불상입니다.

우묵할 요均/坳 자로 새기기도 하고

물건 물坲 자로 새기기도 하는데

반대로 부처 불佛 자와

간체자 부처 불仏 자도 물物 자와 같습니다.

부처 불佛/仏 자는 '부처 불' 새김 외에

'일어날 발' '도울 필'로 새기기도 하지요.
부처님은 흙을 떠나 있지 않습니다.
부처님은 중생의 땅과 늘 함께합니다.
땅土의 언어勿로 말씀하시니
대지가 그대로 온통 부처님이십니다.
영국의 과학자 제임스 러브록이
1972년에 발표한 가설의 논문
〈대기권 분석을 통해 본 가이아 연구〉에서 밝힌
가이아 이론Gaia principle과 일치하지요.
부처 불坲 자 한 글자에
가이아 이론의 가설이 다 담겨 있습니다.

0399 뜻 의

意

뜻, 의미, 생각, 사사로운 마음, 사욕, 정취, 풍정, 무릇
혹은, 대저, 생각건대, 의심하다, 헤아리다, 생각하다
아아! '기억하다'로 새길 때는 '억'으로 읽습니다.
기억할 억憶 자가 같이 쓰이는 것이지요.
마음 심心에 소리 음音을 올려놓았습니다.
마음心에서 생각한 것을 입口을 통해
소리音로 드러내어 전달한다 하여
뜻 의意 자가 만들어진 것입니다.
뜻 의意 자를 접하고 보니
문득《추구推句》에 나오는 시가 생각납니다.

동심화의나洞深花意懶
산첩수성유山疊水聲幽
골이 깊으니 꽃 마음이 게으르고
산이 겹치니 물 소리가 그윽하다
춘의무분별春意無分別
인정유천심人情有淺深

봄의 뜻은 분별이 없는데
인정은 얕고 깊음이 있네

0400 옮길 이

벼화禾 부수에 많을 다多 자가 소릿값입니다.
담긴 뜻은 옮기다, 늦추다, 바꾸다, 변하다, 옮겨 심다
모내기하다, 미치다, 연루되다, 베풀다, 붙좇다, 버리다
알리다, 핑계 대다, 흔들다, 우러러보게 하다, 존경하다
일을 차려 벌이다, 도와주어 혜택을 받게 하다.
영향이 대상에 미치다, 섬기며 따르다 따위입니다.
위가 '옮길 이移'자로 새길 때 담긴 뜻이라면
이 아래는 '크게 할 치移'자로 새길 때 담긴 뜻입니다.
크게 하다, 많다, 남아돌다
이 '옮길 이移'자를 보노라면
'의좋은 형제 이야기'가 떠오릅니다.
의좋은 형제가 같은 마을에 살았습니다.
가을이 되어 벼가 익자 논에서 벼를 베어

각기 낟가리를 만들었습니다.

낟가리는 낟가릿대를 돌려 세우고

낟가릿대를 새끼나 칡으로 가로로 엮은 뒤

벼이삭이 안쪽으로 향하게 하고

볏짚 그루쪽이 밖으로 나오게

초가지붕을 잇듯이 경사지게 쌓습니다.

그래야 빗물이 안으로 스며들지 않으니까요.

낟가리에 벤 벼를 잘 쌓으면

첫째 통풍이 잘되어 벼가 잘 마릅니다.

둘째 탈곡을 서두르지 않아도 됩니다.

셋째 새들로부터 나락을 지킬 수 있습니다.

넷째 비가 오더라도 짚이 젖지 않습니다.

다섯째 이엉 엮을 짚이 깨끗합니다.

여섯째 소먹이로도 매우 위생적입니다.

아우의 낟가리가 빈약하다고 느낀 형이

어느 날 밤 자신의 낟가리에서

아우의 낟가리로 볏단을 옮겼습니다.

같은 날 밤 아우도 형님의 낟가리로

자기 낟가리에 쌓인 볏단을 옮겼습니다.

형님은 장남으로 챙길 식구들이 많으니까요.

이상한 일이 생겼습니다.

밤새 볏단을 상대편에게 옮겼는데

나중에 보니 낟가리가 줄지 않았습니다.
또한 상대방 낟가리도 늘어나지 않았습니다.
새벽녘이 되어서야 형제는 만났습니다.
중간에서 볏단을 메고 만난 형제는
서로 얼싸안았습니다.
밤새多 볏단禾을 옮긴다移 해서 생긴 글자
옮길 이移 자가 우애로 다가옵니다.
저녁이 겹치고夕 겹쳐夕 생긴 많을 다多,
하룻밤에 두 탕은 과하다 해서
생긴 글자가 많을 다多인데
형제의 우애로 진가를 드러냅니다.
사물이 나쁜 것이 아닙니다.
돈이 나쁜 게 아닙니다.

쫓는 마음의 조절을 요할 뿐입니다.
서로 나누려는 마음으로
뜻을 옮김은 더없이 좋은 일이지만
사람이 사물만을 따라가는 것을
경계하고 경계하고 또 경계한 글입니다.

동봉스님의 천자문 공부 4권

발행   2024년 6월

지은이   동봉 스님

펴낸곳   도서출판 도반
펴낸이   김광호
편집   김광호(월암), 이상미(다라), 최명숙
대표전화 031-983-1285
이메일   dobanbooks@naver.com
홈페이지 http://dobanbooks.co.kr
주소   경기도 김포시 고촌읍 신곡리 1168